아마도 빛은 위로

# 아마도 빛은 위로

시인수첩 시인선 081

권현형 시집

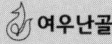
여우난골

| 시인의 말 |

자연스러운 모든 순간에 생기가 들어 있다.
시를 쓰는 동안 눈이 내리고 비가 들이치고
햇볕이 등에 내려앉았다.
빛은 어둠을 닮아가고 어둠은 빛을 닮아갔다.
화분에 물 주는 소리에 귀가 맑아지는 아침,
아주 조금씩 다시 살아났다.
느린 한 사람이 쓰지 않는 가계부를 쓰듯
빛과 어둠의 일상을 기록했다.
어둠의 총량이 운명의 총량은 아니다.
두터운 사랑을 확인하느라 파멸하지 않았으므로
나 자신과 제법 동지가 되었다.
좋은 음악은 귀가 아니라 정수리로 들어온다. 그건 그렇다 하여도,
내 시가 좋은 음악과 닮아가는 창조적 혁명의 순간은 언제 오려나?

2023년 11월
권현형

| 차례 |

시인의 말·5

# 1부

연결된 기분·14

애정하는 모든 것·16

주머니에 파이프 오르간 소리를 넣어 두었다·18

비스킷 옆에 있어 줘·20

다낭 책방·22

저녁이 와서 당신을 이해한다·24

아마도 빛은 위로·26

살아본 적 없는 아름다움·28

창문의 나이·30

왜냐하면 카프카·32

장미는 생활·34

시켜 먹는 밥은 외로운 공연이다·36

볼로냐의 오후 아니 강릉의 오후·38

소문자 당신께 · 40

홍차를 함께 마시자고 말했다 · 42

궁금했다, 너는 아름다운 생각만 하니? · 44

눈에 관한 음반을 눈 오는 날 듣는 사람 · 46

# 2부

최선의 하루·50

겨울 정원의 노래·52

토끼와 이불 킥(kick)·54

잠깐 찾아온 여름·56

부러진 나뭇가지를 집에 데려오고 싶었다·58

간절함은 훔칠 수 없다·60

네가 나는 아프다·62

연인을 앞에 두고 연인을 생각하는 버릇·64

누구냐고 물어보신다면·66

백 년 된 접시의 감수성·68

증강현실 식탁·70

창문 애호가의 방·72

어제보다 비밀이 많아진다·74

창밖을 내다보는 습관·76

물을 태울 뻔했다·78

기록하지 못한 파랑·80

# 3부

하염없는 산책 · 82

긴 복도를 가진 마음 · 84

밤의 카자르 사전 · 86

차츰 괜찮아질 거야 · 88

마음에 드는 서문은 · 90

공복에 춤을 추었다 · 92

허무주의자 식별법 · 94

밀봉된 것들은 뜯지 않을 때까지 진심이다 · 96

앤의 다락방 · 98

사보타주 엉겅퀴 · 100

봄이 올 때까지 봄이 싫었다 · 102

오래 살아남을 음악을 함께 듣는 건 어떻습니까 · 104

화분 옆에 살아 있었다 · 106

여름비 · 108

도서관 불빛과 고양이 눈빛과 · 110

# 4부

에코 가방의 철학 · 112

앤틱 구름은 누가 소장하고 있나 · 114

빛 한 상자 · 116

은유의 이마 · 118

저는 나무 냄새가 참 좋아요 · 120

존경하는 나의 애플민트 · 122

라벨이 붙어 있는 저녁 · 124

사월은 머리맡에 씨앗을 두고 자는 달 · 126

안녕 유마힐 · 128

바게트 빵의 탄생 · 130

일주일에 8일은 뒤로 걸었다 · 132

봄마다 냄비에 돌을 삶아 먹었다 · 134

진통제와 빵과 커피는 이웃 · 136

서점의 F칸 · 138

우주적 비행 소년, UFO · 140

**해설 | 박수연(문학평론가)**
창문의 고백·141

1부

## 연결된 기분


몽상은 옆에 있는 사람이
둥근 빵을 뭉텅 베어 먹는 걸 보는 순간
눈꽃 무늬를 남기며 깨지는 것
나쁜 기류에서 몸이 흔들릴 정도로 악몽을 꾸고 있던
어느 날의 깨우침

후회를 남기지 않기 위해 시시한
속내 같은 걸 드러내지 않는 법은 어디서 배웠을까
오래된 시가지를 천천히 돌아보는 낡은 습관으로
백조처럼 우아하게 독무를 추고 싶다

인도를 다녀와서 기억나는 건
유난히 커다랗게 느껴지던 벌판의 해
그밖에 기억나는 건 코끼리 귀
펄럭거리던 거대한 허무

돌로 만든 코끼리가 석양 무렵
자신의 몸을 데리고

춤추듯 걸어가고 있었다
왠지 지푸라기라도 먹을 수 있는 심정이었다

나중에 기억하기 위한 표식으로
사발을 묻어 두었다는 그 땅에서
당신의 머리카락은 묘비명도 없이 자라고 있다
다들 참 처연하게도 살아가는군

코끼리를 통해 높은 바닥을 보았다
육중한 돌 속의 자기 자신을
끝내 버리지 않는 것은 본능보다 이성일 것이다

## 애정하는 모든 것

저녁부터 새벽까지 의지하고 살았던 건
책에 가까운 고양이, 한 방울 물에 가까운 음악
좋아하는 소리가 들리면 뒤돌아보게 된다

맹목의 출구 쪽으로 식물의 눈이 생기는 곳으로
약속하지 않은 약속 때문에 자주 뒤돌아보게 된다

살아 있는 자가 할 수 있는 일은
물리학자처럼 고민하는 일
기차나 버스의 출입문을 여닫을 때마다
 천천히 여행하듯 천천히 길 위의 손잡이에 관해 고민
한다

물리(物理)에 따라 손잡이가 느리게 닳길 바라며
저녁부터 새벽까지 신경 쓰는 것은 이번 생에 대한 애정

신경을 끊으면 모든 것이 끝난다
커다란 유리창 너머 거리의 한가운데

나와 닮은 녹색 그림자가 홀로 서 있다
좋아하는 소리를 듣길 바란다

# 주머니에 파이프 오르간 소리를
 넣어 두었다


언제였더라, 어제의 일이 가까스로 떠오를 때
주머니에 간직하고 있던 파이프 오르간 소리가 흘러나
왔다

부서진 상자를 오래 안고 서 있게 될 줄 몰랐다
가까이 지낸 적 없는 사람이
멀리 가버렸다는 소식을 들은 후
귀를 내려놓지 못하고 오래 서 있다

살아 있는 나무와 유령 사이에서
내 그림자와 함께 느리게 걷는다
낮달이 오후 3시의 하늘에 투명 스티커처럼 붙어 있다

단정하고도 다정한 사람이 반달 모양으로 썬 무를
붙여 놓았을 거야, 짐작해 보며 아득해진다
김소월의 '고아'를 기억한다는 그를 나도 기억한다

누군가 바짝 쫓아오며 헛기침 소리를 냈다

한 뼘 뒤, 바로 한 뼘 뒤에서 폭설이 내리고
노랑 나비가 날아다니고 삼나무가 울고 있었다

내 그림자가 잘 쫓아오는지 다시 뒤돌아본다
헛기침 같은 것, 햇볕의 잔상 같은 것
소나기의 랩 같은 것, 그런 순간이 동시에 일렁거린다

# 비스킷 옆에 있어 줘

불을 켜지 않고 앉아 있었다
어둠에 절인 비스킷이
바닥 위로 쏟아져 내렸다
무슨 일이든 해야겠기에 한 입 베어 물었고
그뿐이었다, 그밖에 무슨 일이 있었나

비스킷과 함께 미끄러지는 검은색 초록색 기억들
산을 오르다 본 두 마리 무늬가 나른한 동물은
기슭의 건너편으로 넘어가려 몇 번이나 애쓰다가
자꾸 흘러내리는 몸과 길을 이끌고 다른 길을 선택해
가고 있었다

여름 바닷가로 가는 길이
여름 산속으로 들어가는 길처럼 여겨질 때가 있다
길고 미끄덩한 몸을 가진 환각이 찾아왔을 때

파충류의 피부처럼 실패하기 쉬운
꿈을 방법을 시도를 온몸으로 감촉하며

그런 생각을 한다

삭제되지 않아서 다행이야
살아 있어 다행이야 강력하게
스스로를 사물로부터 분리해야 하는 싱싱하고도 생생한 순간들이 있다

# 다낭 책방

아침부터 새들이 말을 걸어오는 모감주나무 아래를 지나간다
새의 웃음은, 새의 울음은 만개해 있다
미리 웃거나 미리 울 줄 아는 생의 여유는
지나간 여름을 겪은 자의 것이다

숙명을 받아들이는 사람처럼
엊그제부터 먹이를 받아먹지 않는
어항 속 늙은 물고기를 스승 삼아

배낭은 가볍게 손톱 끝에 한 줌 쥐어지는 언어만
일용할 양식도 되지 않는 비릿한
언어의 알갱이만 몇 알 싸 들고
해변을 지나 뒤축이 닳은 기억 속 행간으로

무슨 일 때문인지 꽃집 앞부터 정육점 앞까지
울면서 걸어가던 반나절이 있었다
귀가 중인 사람들의 어깨와 귀가하지 못한 어깨가 부

딪혔지만
 나만 보였다, 남의 얼굴이 보이지 않을 때도 있음을

 색이 달콤한 꽃은 인생이 쓰디쓰다는 것을 알고 있다
 흔들렸던 시간을 잊지 말아야 한다
 죽비처럼 단단한 고요는 걸음을 멈추지 않을 때 찾아
온다

# 저녁이 와서 당신을 이해한다

빛을 파묻은 시간에서 마른 장미 냄새가 나다니
저녁과 저녁 사이
성북구의 성당 앞을 지나가다가
운 좋게 종소리를 들었다
요사이 쌓인 죄가 녹아 없어지는 순간

종소리는 잘 빠져들게 되는 음악
흰 눈가루를 타고 어깨에 내려앉는 종소리와 함께
가까이 있는 심장과 함께 두 손을 가지런히 모으고

나의 죄를 내가 용서해도 된다면
지금 생각나는 사람을 맘껏 생각할 것이다

아직 쫓기는 꿈을 꾸는 것은
수렵의 본능을 기억하는 것이 아니라
성모 마리아의 따뜻함을 믿는 것이다

어머니는 돌아가셔도 어머니 역할을 해 주신다는

믿음을 가엾은 인류는 여전히 갖고 있다
백오십 년 된 식물 채집 표본을 볼 수 있는 것만으로
오늘의 할 일은 다 했다
오래전 벼룩시장에서 구한 식물 채집 표본은
색감이 엷어져 있다

언젠가 내게서 마른 장미 냄새가 날 수 있다니
저녁이 와서 당신을 이해하듯 나를 이해했다

# 아마도 빛은 위로

빛의 총량이 운명의 총량이라고 말할 수 없다
보라가 고혹적인 것은
기다릴 줄 알기 때문일 거다
꽃집 주인은 보라색 꽃이 강하다고 했다
천천히 시든다고 했다

멀어져가던 너의 뒷모습을 잊을 수 없다
쓰나미에서 살아남은 피아노가 그렇듯
모든 것을 껴안고 있는 눈동자

어둠을 싫어하는 네가 어둠 속에서도 그리 빛나다니
잠 속의 통각은 바깥보다 아프다
가슴 한복판이 끌로 도려낸 듯 아려와 새벽에 눈을 떴다
청동 그릇에 새겨진 물고기처럼
해가 길어질 때를 기다려야 한다

천천히 시드는 색감의 운명을 사랑하고 싶다
여름꽃을 한 아름 안겨주고 너는

난생처음 보는 여행자처럼 오른쪽 등의
지도 무늬까지 지우며 골목 안쪽으로 들어가 버렸다

더 진하고 더 어둡고 더 달콤한 여름꽃의
전조로부터 이야기가 시작되거나 끝난다

# 살아본 적 없는 아름다움

식물의 본성은 없는 빛도 만들어낸다
눈이 많이 온 아침을 그리고 싶었다
그날의 기분을 공기를
흰 눈을 닮은 배고픈 아름다움을

동사무소 가는 길, 기본증명서를 떼며
생의 기본이 무엇인지 궁금했다
출생신고를 하지 않고 살았던 자서전 없는 사실

증명의 기초로는 설명할 수 없는 무거운 한자
이름을 갖고도 텅 빈, 어디에도 없었던
귀와 이마를 내놓으라는 규정을 따른다
귀와 이마로 기초 증명을 하던 순간

시시각각 갓 구운 빵 냄새가 났다
왜 먼 슬픔엔 기꺼이 연대하는가
빙하기 시대 너의 질문이 생각났다
매뉴얼에 없는 저 손가락 차가운

얼음무늬가 의심스러웠다
나는 나의 밀고자

꽃 없이 4억 년을 견딘 양치식물 한 다발과
살아본 적 없는 아름다움과 나는 연대한다

## 창문의 나이


재받이 서랍이 하나, 두 개 달린
난로의 가슴에서 감자를 미리 꺼내 먹는다
기다릴 수 없는 혀끝이 뜨겁고 아리다

안경을 낀 1월의 테두리를 한 바퀴 휘돌며
지나간다 아름다운 회오리가, 새의 깃털이,
먼 곳을 다녀온 듯 낙조의 색감에 취한 날

화분과 램프와 거북이와 그 밖의 눈망울이 구석에서
반짝이고 있으나 여전히 실내는 절반쯤 어둡다
나이를 알 수 없는 창문이 눈으로 내다보는 바깥
풍경에는 고요한 뼈의 노래가 담겨 있다
눈 감고 들으면 좋을 노래

하루치 삶을 더 깊이 이해하기 위해
생수병을 들고 와서 저수지와 별과 일몰을
경건하게 음복하는 일상

어둠에 더 깊이 매료되기 전 창문 안쪽으로
자신의 발을 무사히 데리고 들어갈 수 있다면
반쯤 밝은 실내의 일부가 된 손으로
충분히 익은 감자를 맛보게 될 것이다
부드럽고 뜨겁고 여전히 아린 빛과 어둠의 맛을

## 왜냐하면 카프카


폭설을 뚫고 끝없이 걷기 위해
날마다 스탠드 전원을 켜고 잠들었다
그러나 되돌이표를 자주 사용하는
습관 때문에 도착하지 못했다

꼭 한 번 동그라미 안쪽에 만나보고 싶은 사람이 있다
존경한다거나 사랑한다거나 질투한다거나 그런 감정이
라기보다

눈과 귀를 오래 붙드는 풍경이나
동화책 속 달콤한 활자에 가까운 것들이 동그라미 안
에 있기 때문이다
잊었다고 생각했을 때 비로소 그리워지는 기억 덕분에
소리 없이 아이스크림을 먹으며 울었다

바닷가 마을에 사는 사이렌의 부름 같은 것에
가깝다고 말할 수 있겠다
동그라미 안쪽 골목에 머리카락이 긴 꿈과 잠이 있다

연탄가스를 맡은 날이면
흑백 꿈을 꾸었다
바위 위에 앉은 요정이 긴 머리를 빗으며
뱃사람들을 위해 노래를 불러주곤 했다
생이 무거운 사람들이 위로를 받는
음률에는 축복과 재앙이 함께 담겨 있다

어떻게 사이렌(siren)으로부터 벗어날 수 있었느냐 하면
김칫국물로,
할머니가 주시는 김칫국물을 마시면
되돌이표와 함께 긴 세월에 걸쳐 돌아올 수 있었다

# 장미는 생활

시나몬 가루에서 분필 냄새가 나는 정오
고공으로 흩어져도 아프지 않을 것 같다,
그런 말의 심사를 이해하게 된다
심장이 얼얼하도록 사랑했던 사람을 위해
꽃 대신 파를 한 아름 산다

본 적 없는 얼굴에 사로잡혀 있다
유의어라는 것에 관해 이제 조금 알겠다
어떤 성인*은 아름다운 얼굴을 잊기 위해
잊지 않기 위해 맨몸으로
장미 가시덩굴 위를 뒹굴었다고 한다

희생이라고도 하고 사랑이라고도 하는 행위들
굴곡이 많은 장미는 철학적이다
꽃잎 가장자리마다 에둘러 피어나는
신성과 세속의 이중생활

지난 계절의 가시까지 기억난다

미농지 두께로 손톱이 얇아져서
나는 나를 할퀴고 있다

내면에 고통이 쌓이면 바깥의 높이가 무의미하다
아까워서 차마 펼쳐보지 못한 순간들
찢어지지 않고 구겨져서 다행이다
솟구치는 언어처럼 푸른 파 한 단이 솟구쳐 올랐다
어둠에서 탈출하니 장미 향이 매콤해 눈물이 난다

* 아시시의 프란치스코.

# 시켜 먹는 밥은 외로운 공연이다


유랑의 밤이 우리 모두를 찾아왔다
주워 온 가리비 잔으로 고량주를 야금거리던 날
잠들면 눈썹이 하얗게 센다는 날
여럿이 밥을 시켜 먹었다

아무도 없어 내겐, 그런 말은
거부할 수 없는 예감, 빨강 부적
듣기만 해도 마귀처럼 들러붙는다
생각지도 못한 고백을 듣게 될 때가 있다

모든 일은 시켜 먹는 밥이 시킨 일
시켜 먹는 밥은 숟가락과 젓가락을 무장 해제시킨다
2차 세계대전이 전 지구적 해프닝이라고
연대기를 정확히 기억하는 사람과 밥을 먹었다
아버지의 포도나무에서 아버지의 포도나무로

기원이 줄을 타고 올라가
남의 우연끼리 닮을 때도 있음을

막내들은 빨리 고아가 된다거나
순수 혈통이 나중에 고통의 이유가 된다거나

왜 이모들은 기념일에 시계를 선물할까
내가 받은 대부분의 시계는 이모들이 사주거나 물려준 것
시간은 부계가 아니라 모계로 흘러가는 것

시켜 먹는 밥은 외로운 공연
잠들면 하루에 백 살이 된다는 날
백 살이 넘은 유령과 함께 식탁도 없이 밥을 먹었다

# 볼로냐의 오후 아니 강릉의 오후


누군가 내 이마에 파광(波光)이라는 글자를 새겼다
커튼을 열고 내다보고 싶은 것은 물기 없이 맑은 공기
햇볕의 어깨에 머리를 기대고 있을 때

유리창 너머 안부를 전하고 싶은 곳이 있다
끌리는 사람과 공간이 있다
모르는 이의 고통까지 읽고 있던 책의 행간에서
정면으로 마주치게 되는 오후
한 번도 가보지 못한 도시가 그립다

아이슬란드의 수도 레이캬비크는
스무 시간 어둡고 네 시간 환하다고 했다
나 또한 스무 시간 어둡고 네 시간 환하다
문헌 밖에서 사라진 문자처럼 행방을 모를 빛과 어둠

어리석게도 나는 늘 나를 향해 달려갔다
너를 위해서라면 흙도 먹을 수 있다
꽃도 강철도 삼킬 수 있다

그런 허기를 보여주지 못했다
솔직하지 못했다
사랑은 햇빛처럼 부서지며 끌어안는 것임을 알지 못했다

## 소문자 당신께


머리에 쓸 것인가, 손에 들고 있을 것인가
움직이는 모자는 상념을 갖게 한다
모자의 혁명적 감수성 덕분에
베를린에서는 베를린이 되어본다
룩셈부르크에서는 로자 룩셈부르크가 되어 본다

이동 중이라 끊긴 필름을 잇는 기분이었다가
오늘은 깨끗하게 목소리를 듣고 있다
빛 반 공기 반 섞어 아스피린 아스파라거스,
아스피린 아스파라거스 그렇게 여름새가 라임(rhyme)을
읊고 있다

이제 창문을 반쯤 열어두고
얼굴의 반만 열어두고
골목과 나무와 땅의 절기를 살펴야 할 때

빨간 우체통에 공기를 넣어 봉인한다
간절할 때 나는 텅 비어 있다

전무후무한 공명이 전달되길 바라면서

네게 가기 위해 길을 지워버렸다
길이 명백한 지도와
행선지를 표시하는 트렁크의 꼬리표는 아예
영어 사전을 외우는 학생처럼 씹어 삼켜버렸다

# 홍차를 함께 마시자고 말했다

공복의 저녁은 위태롭다
별과 인간 사이에서
누군가 밤으로 들어서는 걸 망설이고 있다

먼 훗날의 일이 그립다
1,400광년 동안 빛의 속도로 날아가 네게 닿는 건
감자가 익기 전의 일, 기약할 수 없는 일

긴 펜대를 사용해 전하고 싶은 말의 허리는
쿠르드족이 타고 다니는 노새의 허리를 닮았을 것이다
소금 자루의 무게에 취한 짐승이
비틀거리며 만년설의 저녁을 건너가고 있다

문득 올려다본 구름이 문자나 문장 같을 때가 있다
오늘 구름을 잊지 않을 것이다
한쪽뿐인 날개가 되었다가 허리가 긴 펜대가 되었다가
설원에 찍힌 발자국이 되었다가 서랍 속 마른 꽃이 되었다가

갈피를 잡지 못해 병이 깊어간다
사선으로 잘려나간 채 가슴에 붙어 있는 한쪽 발에
날개라도 달았는지 너는 온몸으로 움직였다
아픈 발을 만져주지 못했다
홍차를 함께 마시자고 말하지 못했다

맹렬히 걸을 때는 덫에 걸려 있을 때다
춤추듯 난간을 뛰어넘는 사람이 되기로 했다
내일 아침이 아직 식지 않고 남아 있다

# 궁금했다, 너는 아름다운 생각만 하니?

벽에 가 닿는 오후 햇살이 소원이 아니라고
말할 수 없다던 너는 무엇을 위해 기도할까
지나온 여러 생을 위해 기도할지

화를 잘 내는 사람을 위해 기도할지
궁금했다, 네 눈처럼 너는 아름다운 생각만 할까

세상에서 제일 작은 사원에
촛불 두 개만 놓고 소원을 빌 거다
듣는 귀가 멀리 느껴진다면

사원의 벽에 바로 속삭이면 되겠지
벽이 알아들으면 다 이루어질 거다

벽 쪽을 향해 벌서듯 오래 함께 서 있자
석양이 부드럽게 뺨을 어루만질 때까지
모든 길을 다 걸어, 모든 길을 다 잃어
하고 싶은 일은 아름다운 찻잔으로 차를 마시는 일

야크의 젖으로 만든 버터와 소금을 넣어 끓인
수유차를 너와 함께 마시는 일
찻주전자가 아름다운 아침을 맞이하고 싶다
그늘이라고는 한 점도 섞이지 않아

지독하게 파란 페인트를 낡은 나무 대문에
절반만 칠하고 게으르게 살고 싶다
색감이 밝은 옷감처럼 명랑한 웃음소리를 갖고 싶다
오늘처럼 인생이 초라한 날은

# 눈에 관한 음반을 눈 오는 날 듣는 사람


종종 담배와 커피잔 귀를 동시에 손가락에
끼운 채 유능하게 책을 읽고 싶기도 해
10원짜리 사탕, 10원짜리 죄의식
나의 오렌지색 기억은

다저녁때 문득 크레인도 없이 고공 75m
굴뚝 다락방까지 맨몸으로 기어 올라간다
타자기 속 글씨체는 지금보다 동그랬던 것 같아
할머니 한복 천 자투리까지 잉여는 드물던 무렵
가난의 꽃무늬 꼬리로
긴 머리를 묶고 다니기도 했다

봉지 쌀 심부름을 했으나 빨강 구두를 신고 다녔다
어디서 얻어 신었다기보다 그때그때 가진 돈의
전부로 사 신었다고 거짓말하고 싶었다

친구네 구멍가게 장판 바닥에서 우연히 발굴한
10원짜리 동전으로 무얼 사 먹었더라

10원짜리 동그란 죄의식을 사 먹었다
죄의식은 설탕에 절여져 뼈를 약하게 만들었다

눈사람이라는 제목의 그림을 보았다
눈에 관한 음반을 사두었다가
참고 기다린 후 눈 오는 날 듣는다고 했다

비에 관한 음반을 사두었다가
비 오는 날 듣는다고 했다
그것으로 충분했다 당신에게서 더 들을 말이,
더 들은 다른 말이 기억나지 않았다

당신이 그린 눈사람처럼 나도 그런 제목을 가진 사람
나도 사실은 눈에 관한 음반을 참고 기다렸다가
눈 오는 날 듣는 사람, 오로라로 뼛속을 채웠다네

2부

# 최선의 하루

나보다 발가락뼈를 믿어야 한다
부러진 줄 몰랐던 발가락이 삐뚤게 붙어
저절로 아물어가고 있으므로
언젠가 캠핑카를 타고 시베리아까지 갈 것이다

처음 보는 얼굴을 쓰고 공기와 공기 사이를
도주와 도주 사이를 캠핑카를 타고 떠돌고 싶다

몸과 얼굴이 분리된 채
무거운 쇳덩이를 매달고 있는
조각상은 배고픈 물고기의 등뼈와 닮았다
도무지 난해한 그의 고통을 해독할 수 없다
누구의 고통이라도 고통은 난해하다

물고기에게는 하루가 백 년일 수 있다며
미워하지 말라는 조언을 들었다
남의 백 년을 헤아리는 일이 여전히 쉽지는 않아
무희의 옷자락으로 보였던 빨강 지느러미가 음흉해 보

인다

  하루 집을 비우고 돌아오니
  실 가닥 모양의 물고기가 사라졌다
  굶주렸다고 그새 다른 물고기를 버리다니
  잡아먹혔다기보다 버림받은 것으로 이해한다

  산책길 양편의 겨울 가로수들이 품고 있는 꿈의 씨앗도
  그러고 보면 물고기만큼 비릿하고 치열하다
  추운 겨울을 반드시 견뎌야 봄에 새싹이 돋아난다는
  자연의 섭리는 혹독하게 계몽적이다

  채취한 씨앗을 냉장고에 보관해 둔다면
  씨앗과 함께 겨울을 통과한 자는 눈부신 봄을 얻게 될
것이다

# 겨울 정원의 노래

그 모든 것의 눈을 잠시 깊게 들여다보았다
잠시 우산을 들고
잠시 마른 꽃을 들고 잠시 모자를 들고
수백 년 된 창문들이 말을 거는 곳

유리구슬을 한 사발 담아 온
겨울의 정원, 물끄러미
풍경을 바라보다가 체할 뻔했다
물끄러미는 지느러미, 안녕 나의 흰 지느러미

삶은 감자가 비리고 아렸다
구운 고등어 탓이기도 하겠으나
읽기만 해도 상처가 되는 문장을 간밤에 읽었다

흰빛은 모든 파장을 담고 있는 색
먼지와 먼지 사이에 있는 모든 것

모든 것은 치유될 수 있다는 믿음을 주고 싶다

두꺼운 요리책을 네게 사주고 싶다
그럼에도 불구하고 곧 사라질 가녀린 그리움, 열망

겨울 정원에 입문하며
고독이 인간을 타락시키지 않는다는 믿음이 얼어붙었다
맑은 말에도 돌을 할퀴는 예리함이 있다

# 토끼와 이불 킥(kick)


토끼에 관해서라면
듣고 싶은 말이 많다
쫑긋 두 귀는 살아남은 기억
건너가지 못한 고원(高原)

이불을 코 밑까지 끌어당겨야
잠이 잘 오는 버릇을 갖고 있어
토끼잠을 잔다고 놀림 받았다
어릴 때는 잘 때도 코가 시렸다

가만히 있을 때도 타르초˚처럼 토끼의 두 귀는 펄럭인다
오색 빛을 경전이라고 믿으며 바람이 불 때마다 허리를 수그리는
설산 아래 사람들의 귀도 토끼처럼 기나길 것이다

눈이 분홍색인 토끼를 한 마리 기르고 싶다
흰 무와 꽃과 트라이앵글을 좋아하는 토끼를
붉은 만병초를 먹여서라도 오래오래 기를 것이다

언젠가 산책 중 겨울 산의 입구에서
홀로 있는 토끼를 만났다
오른손을 들어 귀 옆에 붙이고 "안녕" 하니까
토끼는 앞발을 들어 귀 옆에 붙이고 따라했다

"안녕", 예절 바른 내 토끼는 우정에 답례만 하고 돌아앉았다
 겨울이 시작되는 나무의 차가운 발을 용감하게 끌어안았다
 토끼와 나는 뭉툭한 주먹을 닮은 번뇌 망상을
 감자 대신 배불리 나눠 먹었다

* 티베트 불교의 상징인 오색 깃발.

# 잠깐 찾아온 여름


디자인용 나무는 아니므로
어떻게든 움직이며 살아 있다
미련 때문에 여전히 흘러왔을
다음날 그리고 또 다음날

삼 일 내내 비가 와서
움이 돋듯 발가락이 고물거려서
고쳐 쓸 만한 카메라를 찾아
정성껏 먼지를 닦았다

바람이 많이 부는 날에는 근막에
잠들어 있는 슬픔의 근육까지 살아 움직인다
여름 나무의 무수한 세포처럼 살아 솟구친다

나무를 진실로 표현하려는 무대 위 무용수의
떨리는 몸과 손가락의 선을 기억한다
진실을 말하는 게 경전이라면
도처에 경전과 깨달음이 있다

가까이 있는 사람도 가까이 있는 사물도
다시 만날 때가 있다


불과 재를 동시에 끌어안은 '불나비'를 엘피판으로 들려주며
그는 곡직(曲直)이라고 말했다
잠깐 찾아온 여름엔 무얼 하나
잠이 짧고 꿈이 짙은 능소화 속 한철,
한 조각 여름의 울창을 나는 곡직으로 이해했다

# 부러진 나뭇가지를 집에 데려오고 싶었다

열매를 맛보려고 고욤나무 손을 잡아당겼다가
팔을 부러뜨려 미안했지만
부러진 나뭇가지에 달린 달콤한 속을 파먹었다

늦가을의 정원은 너그러웠다
해이해지지 말자고 써놓고
헤어지지 말자고 읽는다

이맘때 호희네 부엌이 생각났다
은 대야 가득 까맣게 빛나는 고욤 열매가 담겨 있던 오후
술주정뱅이가 잠들어 있는 집에 돌아가고 싶지 않은 날이면
친구네 재래식 어둠 속에서 새앙쥐로 영원히 살고 싶었다
따뜻한 소고기뭇국과 고욤을 실컷 맘껏 퍼먹으며

금속공예처럼 정교한 인연들이
나사가 풀려 뿔뿔이 흩어질 때
우정도 사랑도 잃게 된다

물론, 술주정뱅이도 죽고 없다

팔이 부러진 고욤 나뭇가지를 집에 데려오고 싶었다
대신 자연의 유일한 상속처럼
쓰고 있던 모자에 삼백 년 된 햇볕을 담아왔다

# 간절함은 훔칠 수 없다

훔친 꽃을 밥이 맛있는 식당의
코카콜라 병따개 안에 두고 왔다
동백 향기를 일몰과 함께 데려오고 싶었으나
간절함은 데려올 수 없는 것

첨가물 하나 없이 맑은 물이 되고 싶은 사람의
향기와 밀도를 생각하고 있다

아침과 저녁은 어쩌면 닮아 있다
간절곶에서 리스본까지
리스본에서 간절곶까지

해가 가장 먼저 뜨는 곳과
해가 가장 늦게 지는 곳은
간절함이 닮아 있다

춘설이 내려 떠나온 새벽이 말할 수 없이 아름다웠다
창문을 열어두고 잠들고 싶었으나

얼어 죽을지도 몰라 문을 닫고 다시 잠을 청한 날

바리움 5mg이 느닷없이 소포로 배달되어 왔다
아침과 저녁처럼 오해와 진실은 닮아 있다
흰 눈이 내리는 동안 난장판 책상이 고요했다

# 네가 나는 아프다

눈을 어쩌다 깊이 들여다본 후 네가 좋아졌다
바람이 뒤집어 놓은 머리카락과는 달리
깍지 낀 가지런한 손가락이 좋아졌다

어둠 속에서도 네 눈을 알아볼 수 있다
폐허를 아는 눈, 패배를 아는 눈
검고 따뜻하고 축축하게 살아 있는 눈
흰 와이셔츠의 단추에 질투가 났다

극지처럼 먼 아름다운 얼굴이
내 얼굴 사이로 파고 들어왔을 때 수천 개의
바늘에 꽂힌 아픔이 몰려 왔다

여름 눈송이들이 몰려왔다, 안무 없는 춤이 몰려왔다
너를 두고 돌아서 온 후 마시려던 물컵을 커피를
나를 다 엎질러 버렸다

물기를 닦을 생각은 않고 대걸레로 내 **뼈**를 닦고 있었다

내 심장 속으로 들어가 버리고 싶었다
원효의 해골바가지로 물을 담아 마신들, 으스러지지 않는
세계가 있다 닿을 수 없는, 닿아서는 안 되는 세계가 있다

# 연인을 앞에 두고 연인을 생각하는 버릇

결국, 숫자 0을 발견한 수학자가 옳았음을
집에 들어가기 싫어
지구를 배회하며 자전하는 술꾼처럼
그림자는 목이 길어진다

어디서부터 시작된 버릇일까
시간을 앞에 두고 시간을 상상하는 버릇
연인을 앞에 두고 연인을 상상하는 버릇

슬픔이 건들거리는 걸 보니 가을인가보다
연인과 시간에게 미안해하며
연인과 시간을 상상하기 시작한다

건축물의 진입로와 골목,
관계의 각을 빠져나왔을 때
비로소 생을 실감한다
모든 사랑이 과거였음을 실감한다

양자역학이나 AI, 우주의 숱한 행성들
파노라마처럼 번지는 빛과 파멸을 이해하느라
두통이 찾아왔으므로 전생에 대한 상념에 빠지지 않았다

긴 세월에 걸쳐 내게 도달하지 못할 것이다
연인을 앞에 두고 연인을 그리워하는 버릇 때문에

# 누구냐고 물어보신다면

수 시간 날아가 맞이한 저녁의 호치민은
헬멧을 쓰고 오토바이를 타고 있었다
속도의 미로에서 릴라와디를 만났다
나무보다 멀리 있는 나무,
손금 가득 길을 움켜쥐고 있는 나무

오늘 만난 숫자는 24, 26, 33
숫자마다 뼈에 그늘이 고여 있다
누구냐고 물어보신다면
다른 이유로 심장이 두근거릴 것이다

영화 속 가상의 사람들이 살아 있다
현실 속 가상의 사람들이 살아 있다
영화와 현실은 어쩌면 그리 잘들 살아남았는지

돌아오고 싶어 하는 사람과
떠나고 싶어 하는 사람
돌아오지도 떠나지도 않은 사람

마지막으로 증명되는 B열은
결국 자기애다
자기애가 B열이라니

33은 숫자라기보다 하얀색 그리움
맹세해도 된다면
구원이 늘 백지(白紙)처럼 전복적이기를

# 백 년 된 접시의 감수성

백 년 된 유럽 전통의 접시가 무슨 소용 있으랴만
망각의 달빛과 기억의 달빛을 기품 있게 담아 맛볼 수 있었다
먼 곳으로 흘러온 사람의 모험을 사랑한다

밖에 비가 오고 있다는 말을 알아듣지 못했다
숫자를 헤아릴 때마다 묽어지는 태양 빛
나이프와 포크와 스푼의 방향이 헷갈려
계속 헤매게 된 긴 하루

세계사를 생각하다가 처음 만나는 얼굴 앞에서 울었다
지나치게 예의 바르면서도 야만적이고 혁명적인 시대를 지나
천년 된 종탑이 비를 맞고 서 있는 이곳 멀리

종과 함께 울게 될 여행자의 운명을 알고 있었는지
사라진 한 사람 두 사람
그들은 단지 침실로 돌아갈 뿐이다

백 년 전 접시의 고독을
마취도 없이 푸른 유약으로 문신했던
푸른 꽃의 노이로제를 이해하지 못했다
밖에 비 오고 있다는 말을 알아듣지 못한 것처럼

# 증강현실 식탁

바늘로 손가락을 따면 검붉은 장미가
손가락 끝에서 피어오르던 그때
늘 맨살처럼 맨밥을 탐했다

일조량 부족이라기보다 혼합 가족 덕분에
식탁의 혼합 덕분에
맨밥을 먹고도 체기에 시달렸다

혼합 가족은 색채의 혼합보다
명도가 낮다
빙하기의 한 조각 고독
차가운 낮달이 떠 있다
누군가 얇게 빚어놓은 수제 밀전병
고해하고 싶은 금요일의 오후 같아라

분명 걱정이 많은 사람이 만들었을 거야
자꾸 자신의 심장에 돌을 얹어 무게를 달아 보는 게
취미인 자, 이집트인의 피를 갖고 있을 거야

혓바닥에 얹으면 눈 녹듯 사라질
낮달은 오히려 모든 풍경을 압도한다
한 번도 만난 적 없는 고백의 모티브로
한 번도 만난 적 없는 스승의 모티브로

# 창문 애호가의 방

무화과 나무의 가장 높은 곳은
특별한 허공
그곳에서 숨을 쉬어본 후 나무에
올라가는 걸 멈출 수 없었다

창밖을 끝없이 내다보다가
모르는 목소리에게 야단을 맞았다
"일하지 않고 뭐하니"
말보다 공기가 무거웠다

또 하나의 단편은 세밀화로 그린
작은 상자 속에서 살았던 꿈
누가 부엌을 눈동자처럼 파 넣었을까
부엌이 없는 지하 단칸방을 구했는데
나중에 다시 가보니

없는 길처럼 없는 부엌과 창문을 그려 넣었다

작은 상자 속 작은 상자 속 작은 상자
선이 살아 있는 부엌이 고맙고 좋았다
동굴 속 불빛 같은
부엌과 책상을 믿지 못해 계속 뒤돌아보았다

분명 내가 거기에 있었나
창문 없는 심연처럼 거기에 있었나
피가 고여 있는 작은 상자를 길게 빠져나왔다

# 어제보다 비밀이 많아진다

오늘 구름은 뼈가 있다
늑골 사이에서 달이 달그락거린다
주머니 속 당신의 손가락들은 잘 익은 음률 같고

지나가다 만난 바위가 모자를 벗어 이마를 수그리고
자신을 낳은 저녁에게 경의를 표하는 순간
여느 때와 다름없이 영원을 봉헌하는 순간

날개의 재료가 백 퍼센트 구름인지도 모를
붕새 한 마리가 머리 위로 날아갔다
하루에 구만리를 날아서 그가 닿고 싶은 세계가 어딘지
그 자신도 모르는 것 같아 불러 세워 질문하지 않았다

아침과 달리 저녁 숲은 좀 더 은밀해 보였고
많은 말들이 서로 혀를 조심하며 바스락거렸다
숲속에서 자명종 소리가 났다

몸 안에 금관을 지닌 풀벌레의 생애가

석양과 함께 짧게 빛나 보였다
저녁의 동공은 노년기 보르헤스의 눈을 닮아
빛을 잃을수록 깊고 불안하고 아름다웠다

먼지가 잔뜩 낀 처소의 창턱으로 되돌아와서도
산책길에 본 저녁의 아득한 얼굴이 잊히지 않는다
구만리를 걸어가서 어디에 닿고 싶은 거니,
나 자신에게도 질문하지 않았다
어제보다 비밀이 많아진다

# 창밖을 내다보는 습관


가파름을 넘는 힘은 어디서 오나
밖을 내다보는 것을 좋아하던 취향으로부터
이브레아까지는 너무 멀다*

금관에서 흘러오는 목소리를 들으면
아득해진다 야간 기차를 타고 있는
밤의 공기가 달착지근해진다

창문 가까이 트럼펫 가까이 하숙하며 지내던 그때
햇볕이 사라진 골목에 자주 사로잡혔다
반대편의 취향과 언어로 끝없이 구애했다
열 손가락 모두를 편지 쓰는 일에만 바친 적 있다

한 자루에 다 담을 수 없는 솔방울 향기를
탐닉한 사냥꾼은 시간에 빠진 사랑이었을 것이다
발바닥 가운데까지 심장이 박혀 있던 나이

터키 원석 세공사나 색감 좋은 원단의 이름을 부르듯

알아들을 수 없는 방언으로 기도하던 저녁과 함께
너와 함께 전력으로 걸어왔다
밤새 눈을 맞고 서 있던 창백한 소나무 유령아
네 손바닥에서 녹내가 난다

너는 언젠가 날아다닌 적이 있을 거야
증표처럼 남아 있는 수많은 잔 날개들
수많은 초록 바늘들, 가파름을 넘는 힘은 어디서 오나
눈이 내리면 밖을 내다보는 것을 좋아하던 밤으로부터

* W. G. 제발트.

# 물을 태울 뻔했다

매우 드문 일만은 아닌 일
물을 태운다는 것은 몰입했을 때다
내가 안고 있는 세계를 깊이 사랑했을 때다

에이미 와인하우스의 마지막 리코딩*을 듣다가
물을 태울 뻔했다

엄숙한 거실 소파와 한 영혼인 그는 말했다,
물이나 제대로 끓여
접시는 산더미처럼 쌓아두고
부엌칼은 썩어가도록 내버려 두고

모르는 말씀, 나를 모르고 인생을 모르는 말씀
밥 먹을 일도 잊고
나태의 최전선에서 들을 때

서글픈 것은 더 서글프다는 것
달콤한 것은 더 달콤하다는 것

세계의 전부에 더 강력하게 사로잡힌다는 것

물을 태웠을 때, 갈증으로
결핍으로 충만한 음악은 접시의 안쪽을
칼의 안쪽을 더러운 수건의 안쪽을 진하게 파고든다

* 27세인 에이미 와인하우스와 85세인 토니 베넷이 부른 듀엣곡 「Body and Soul」

# 기록하지 못한 파랑

꿈같은 날이라고 말하게 되는 순간이 있다
포옹하는 조각의 손목 주름이 너무 생생해
내일 비가 올 것이라는 일기 예보를 믿었다
장화를 신고 외출한 덕분에 온종일
빗방울 속에 갇혀 있다가
두꺼운 음악사를 읽는 사람의 파랑 와이셔츠와
사랑에 빠질 뻔했다
흰 건반 위 빗방울을 따라갈 뻔했다
내면이 강한 사람의 턱선을 지표처럼 따라가기로 했다
매운 소스가 잔뜩 들어간 음식을 먹은 다음의
일 분 일 초와 마찬가지로 감정이 얼큰했다
여름의 한가운데가 이리 얼얼하다니
멀리 보이는 교각의 역사까지 교훈으로 삼을 때가 있다
기록으로 다 남기지 못했으나
지독하게 사랑한 기억을 갖고 있다면
치열하게 참전한 기록을 분실했다 해도
오늘은 고색창연한 하루
집으로 가는 길과 반대 방향의 전철을 탈 뻔했다

3부

# 하염없는 산책


전 세계를 느리게 산책하는 동안
모든 인연들은 과거가 된다

동그란 태양 안에 있는 것은
월계수 잎의 걸음 하나, 둘, 셋

수레바퀴가 되었다가
산맥이 되었다가
대성당의 스테인드글라스 창문에
부서지는 햇볕의 파편이 되었다가

상처의 기하학적 문양에 대한 이해로
고대 사람들은 그림을 그리기 시작했다
천연염료에는 그리는 사람의 묵언이 섞여 있다

얼굴 가까이 손등만 갖다 대도 체온 때문에
맑은 눈물이 흘러내릴까 염려되는 당신의 눈

모빌의 허망한 반복을 바라보고 있다
 물고기의 지느러미를 닮았거나 흔들리는 약속을 닮은 그것
 하염없이 모빌에 바쳐진 기도의 내용이 궁금하다

 어둠을 요약해서 말할 수는 없으므로
 액자나 퀼트로 가려진 울창한 아름다움은 울창한 당신에게로

# 긴 복도를 가진 마음

혼자 빵을 뜯어 먹으며
손을 씻지 않았음을 고민한다
긴 복도를 가진 마음 어디에 포스트잇을 붙일까
 햇볕, 마당, 눈꺼풀, 총소리, 우선 명사(名詞)들을 정리하고 싶다

자두 향, 사과 향, 복숭아 향 같은 말들이
어깨에 내려앉는 저녁
체기가 가득하다 감정이 차 있을 때는
숭늉도 받아들이지 못한다

처음 듣는 음악보다 처음 만난 사람이 감동을 주긴 어렵다
사람이 음악보다 긴 내장을 가졌기 때문이다

죄의 발끝까지 생각나게 하는 음악
죄의 발끝까지 잊게 하는 음악
버스 제일 뒷좌석에서 함께 듣자

흔들리며 흔들리는 눈을 바라보자
이미 네 마음이, 이미 네 마음이, 이미 네 마음이

복도 끝까지 걸어와 네 셔츠의 무늬가
내 어깨로 옮겨 왔던 게 무슨 요일이더라
월요일, 모든 월요일

어둠이 그냥 태어나는 것 아니다
모든 요일의 바깥까지
너를 생각하고 있었음을 참회하지 않겠다

## 밤의 카자르 사전

내가 조금 망가져 있을 때
카타르행 비행기를 보고 카자르 사전*을 떠올렸다
바다 위로 날아가는 금속 물체가
해가 질 때 눈물을 흘린다는 고래로 보였다

요가와 명상을 할 때보다
마그네슘을 먹었을 때 포유류는 더 너그러워진다

놀이터 어둠 속에서 네 시간이나 기다리다니
허리를 구부리고 세수를 하는 엊저녁 네 모습이
거울의 구부정한 잠언 같았던 이유를 알겠다

너는 아마도 소수 민족의 후예일 것이다
사라져가는 언어를 지키는 일과
기다리고 싶은 사람을 기다리는 일은
동일한 기쁨이자 고통이므로

말이 어눌해서 아름다운 너의 연애 덕분에

겨울 정원의 외로운 얼굴을 잠시 사랑하게 되었다
유리병에 담긴 바다와 같이 유리병째

파랗게 부서지고 있는 나 또한 균열을 멈추고
깊이 잠들었다, 다시 마그네슘이 필요한 아침이 자랄 때까지

* 밀로라드 파비치.

# 차츰 괜찮아질 거야

나를 겪고 이해하느라 여러 세기가 지나갔다
이제 그만 아프자고 속삭였더니
차츰 나아졌다 설령 오래 걸릴지라도
이월은 자신의 손을 잡아주는 달

지금 당장, 그런 말보다
나중에, 라는 말에 위로받는 날들
그리하여 가장 두려운 타인
가능성, 욕망, 사랑 그 모든 것을 압도하는
어느 날의 검은 기억
날카로운 가시의 안쪽에 상처받은 아이가 살고 있다

누가 당신의 악마인가, 물었을 때
'나'라고 대답한 가수 휘트니 휴스턴의 인터뷰를
아끼는 책 읽듯 읽었다
코카인도 마리화나도 아닌 자신과 싸우느라 생을 소진한
그녀의 자존심은 시적이기도 하고 산문적이기도 하다

길가에 고인 빗물이 맑아지기를 바라며
말하고 싶어 안달하지 않기로 한다
몇 시냐고 자꾸 물어보지 않기로 한다
심장 근처로 살랑 향기로운 바람이 불어온다

장미 화관을 쓰고 만찬을 하던 옛 로마 사람들처럼
차츰 장미를 좋아하게 되었다

# 마음에 드는 서문은

불을 껐다 켜서 매일 다른 사람이 될 것이다

주머니 속에 아마도
마음에 드는 서문은 먼지와 함께
인도차이나 시차와 함께

불을 껐다 켜면 작은 도마뱀 한 마리를 볼 수 있을 거야
불을 껐다 켜면 달아나는 행운의 꼬리를 볼 수 있을 거야
나무라고 불러주고 싶은 키 작은 봉숭아에게
서문의 일부를 쓰게 할 것이다

비 오는 날 들으면 좋을 식자공의 노래
고소한 글씨를 가득 기르고 있는 해바라기의 노래
발꿈치를 들어야 볼 수 있는 먼 곳

마음에 드는 서문의 호흡은
글자 중독자보다는 춤에 가까울 것이다

무엇보다도 앞발톱에 부드러운 벨벳이 붙어 있을 것이다
남루한 나머지 혹은 폐기 처분해야 할 전부를 감출 수 있도록

# 공복에 춤을 추었다


얼음 조각을 넣듯 별을 입에 물자
복숭앗빛 한숨이 입안 가득 고였다
비문으로 가득했던 순간들

새벽까지 공복에 춤을 추었다
마당의 별을 끄기 아까워
오래 밝은 어둠 속을 서성였다
천문대에서 보낸 하루

춤에 사로잡혔다기보다 느릿하게 조금씩 살아 있었다
어둠 속에서는 나 또한 하나의 덩어리로 보였을 것
분명 어둠 속에서 살아 움직이고 있는 여름 숲
여름 나무를 흉내 내보았다

선으로 분간할 수 없는 덩어리들은
보는 순간 연민이 생긴다
상심의 순간에도 살아 움직이는 점, 선, 면
울며 뛰쳐나가는 뒷모습의 속도를 생각해 보았다

결핍이 만개한 여름 하루를
만난 적 없는 인연까지 그리워하며 보냈다

# 허무주의자 식별법

바람이 많이 부는 날은
구름이 싱싱해 보인다
이보다 의미 있는 일은
없다고 생각한다면 허무주의자
(허무주의자일 가능성이 짙다)

연두와 살고 싶은 날
봄과 여름 사이 땅과 하늘 사이
수학과 문학 사이를
연두는 강박증 없이 흘러 다닌다

머리에 늘 유랑 구름 화관을
쓰고 있지 않다면
생은 돌보다 단단할 것이다
가죽보다 질길 것이다

구름은 옷소매, 장식 없는 장식
움직일 때마다 데이지 꽃냄새가 난다

눈눈눈 난난난 흩어지는 구름을 따라

불안하게 높은 유년의 식탁 의자로부터
겨우 몇 걸음 옮겨 걸었을 뿐
여전히 어리석고 어리다

헝클어진 구름의 사색
구름의 머리카락에 손가락을 넣어
휘젓고 장난치고 싶다

바람이 많이 부는 날에는
구름이 비릿하게 싱싱하게 살아 있다
이보다 의미 있는 일은 없다

# 밀봉된 것들은 뜨지 않을 때까지
진심이다


복도에 뜨지 않은 상자들이 나란히 놓여 있다
박제된 무엇이 상자 속에 들어 있나
물기 없는 꽃, 나비, 접시?
상자마다 진심이 들어 있을 것이다

빛을 어디서 살 수 있나 찾아 헤맸는데
지하철에서 빛이 담긴 상자를 천 원에 팔고 있다

손전등만 한 빛을 어디다 쓰려고 사나
쓸모없어, 다신 사지 않을 거야, 금방 후회하는 얼굴로
빛을 헐값에 산 자들이 전철 안에 담겨 있다

손전등을 들고도 캄캄한 얼굴로 앉아 있다
기회가 될 때마다 우비를 사고
초강력 본드를 사고 티눈 연고를 사고 절명 직전까지
원 플러스 원으로 빛을 조금씩 사 모으는 것일까

언젠가 고속버스 안에서 금시계를 살 수 있는 행운에

당첨되었는데도 번호표를 쥐고만 있었다
눈앞에 두고도 금딱지를 사지 못한 그날처럼 끝내
움직이는 전철 안에서 파는 빛 한 상자를 사지 못했다

밀봉된 빛을 마침내 뜯으면
유통기한이 없는 어둠이 왈칵 쏟아져 나온다는 것을
잘 알고 있다

# 앤의 다락방


상추 모종판만큼 어둠이 옥탑에 내려앉았다
그 방에 새것은 없다
낡은 의자, 얼굴이 꼬집힌 탁자
막이 찢어진 스피커에선

인도 명상 음악이 흘러 나왔다
명상 음악은 늘 찢어진 세계를 꿰매준다
이 세계의 출구는 외곬
가자미와 동종(同種)의 결핍을 옆눈질하고 있다

고물 벽시계가 길을 잃은 듯
무거운 추를 견디며 걸려 있다
다리를 심하게 절며
여섯 시를 가까스로 가리키고 있다

새의 깃털, 오래된 사진, 마른 갈대
만화책 더미 사이에 앉아 있자니
기분이 과자 부스러기처럼 바삭해졌다

기분을 버릴 사서함이 필요하다
오래전 기분과 오래전 사다리를 어디다 버려야 할지

서툰 혀가 깊이 들어가지는 못하고 차가운 유리의 표면에
차가운 입술의 표면에만 닿았던 기억, 기대 때문에
긴장 때문에 첫 키스를 망쳤다

사각 색종이에서 타원형을 오려내고 남은 나머지
망친 부분을 사다리와 함께 애지중지 들고 다닌다

# 사보타주 엉겅퀴


가끔 내가 엉겅퀴꽃으로
작은 짐승으로 여겨질 때가 있다
발끝까지 외로운 사물이 되어보곤 하는데
진짜로 갇혀서 어쩔 줄 몰라 했던
어린 날의 '얼음 땡' 놀이를 아직 하고 있다
초여름 입구에 서면 치명적으로
살아 있고 싶을 정도로 풀 냄새가 달큰하다

파티에 가고 싶지 않은 날
가면을 쓰고 싶지 않은 날
걸음이 저절로 도달한 동네 미술관 뒤뜰에서
미묘한 보라를 발견하고 기뻤다
이름도 얼굴도 색감도 윤곽이 뚜렷한 엉겅퀴꽃의 실존은
말할 수 없이 회화적이다

미술관 외곽에 그려진 거대한 얼굴이 AI를 연상시킨다
인공 눈동자가 물기까지 감정까지 복제할 수 있을까

슬퍼해야 할지 기뻐해야 할지 갈피를 잃은 눈동자가
말할 수 없이 회화적이다

만약, 만약, 만약 쉼표 하나의 감정까지
인간을 복제할 수 있다면 AI와 사랑에 빠질 수 있을까

초대받은 시집 출판 기념회에 가지 않았다
혼자 라면 국물에 밥을 말아 먹고
요리할 때 쓰다 남은 독주 한 방울을 털어 마시고
보내온 시집을 외따로 읽는 시간이 달큰했다
기념일보다 사보타주를 선택한 엉겅퀴꽃의 오후

# 봄이 올 때까지 봄이 싫었다

양쪽 눈에 다래끼가 나 있었고
채도가 낮은 색감의 모자를 뜨개질하며
겨우내 두통을 앓았다
봄이 올 때까지 내가 싫었다

벽에 스민 어둠을 가만 지켜보고 있었다
어둠에 잡아먹히면 약도 없다
어둠에 잡아먹히면 물도 없다

시내버스의 쇠 손잡이에서 물비린내가 났다
창 너머 바다에서는 쇳내가 올라왔다
한꺼번에 날아오른 기분으로
한꺼번에 주저앉은 기분으로

아(我)를 버리고 부피를 줄인 갈매기들은
재생지처럼 가볍게 날아다니며
아침과 저녁이 다른 바다의 지도를 고쳐 그렸다

이따금 선술집 문간에서 맥주를 마시며 웃고 떠드는
남자의 목소리를 내기도 했고 칭얼거리는 소리를 내기도 했다
갈매기 무리 속에는 술꾼도 있고 어린애도 있다

아침과 저녁의 기분이 다른 300번 버스는
살고 싶다거나 살고 싶지 않다거나
감정의 기복을 싣고 해안선을 빙글 돌아다녔다

# 오래 살아남을 음악을 함께 듣는 건 어떻습니까


그냥 하루에 한 스푼씩 함께 걷고 싶습니다
오래된 서점이 있는 구시가지로 걸어 내려가
한 손에 쥘 수 있는 병맥주를 함께 홀짝이고 싶습니다

우리보다 오래 살아남을 음악을 듣는 건 어떻습니까
요절한 가수의 음반을 골라 듣는 건 어떻습니까
철부지처럼 절기가 잘 표시되어 있는 달력을 동그랗게 말아
당신의 눈을 들여다보고 싶습니다

눈을 가두고 손을 가두고 동그라미 속에서 소용돌이 속에서
당신의 눈이 뜨거운 고요를 감추느라 복잡해지는 걸
놓치지 않고 볼 것입니다
모른 척 나는 당신의 포로가 될 것입니다
태풍의 눈 속에 갇힐 것입니다
꽃 사과 향기가 휘발될 때까지
탁자에 마시던 물컵을 반쯤 남겨두고

당신을 반쯤 남겨두고 돌아서 올 것입니다
그늘에서 벗어나듯 황급히 집으로 돌아오기 전까지
들으면 마음이 아파지는 음악을
함께 시절의 소란 속에서 들을 것입니다

# 화분 옆에 살아 있었다

그 길 안쪽에 어떤 꽃이 피었던가요,
부드럽게 물어보던 목소리의 음영이 그 여름 오후를
뒤덮고 창문 옆에 앉아 있던 나를 뒤덮고

치자꽃 향기에 홀려 화분 옆에
화분처럼 오래 앉아 있었다
뼛속까지 녹이는 달콤함에 주눅이 들었지만

여름 낮에는 눈물을 참아야 한다
압생트보다 뜨거운 맹독성 눈물이
볼을 타고 심장으로 흘러 들어갈 수 있으므로
여름 나무는 울지 않는다, 눈물은 기후를 닮는다

책장을 느릿하게 넘기던 두 번째 손가락의
음영까지 기억나는 여름 오후
창문을 열어놓으면 흘러간 무의식까지 되돌아온다

속이 무른 국수에 향신료를 넣어

함께 나눠 먹고 짙은 향과 헤어져 돌아온 저녁
모르는 새가 날카로운 부리로 관자놀이를 쪼아댔다

고백하지 못한 죄로 편두통을 안고 살아 있다
향신료를 강하게 쓰는 계절엔 그리움이 진하다
여름 별들은 뿌리 끝까지 후각의 기억으로 살아 있다

# 여름비

고질이 사람을 우아하게 만들기는 어렵지만
격언 풍이 아니라면 검정도 빛을 갖고 있다
사랑은 여전히 진화 중인 동물의 따뜻한 소란

맑은 귀를 가진 여름비에 대한
하나의 해석으로 보였다
통증은 좀 어떤지 걱정하던 너의 눈빛은

영화를 보고 나오니 비가 기다리고 있다
비가 오는 날은 아픈 곳이 더
고질적으로 센티멘탈해진다
습한 턱관절이 나무 문처럼 삐걱댄다

조상의 조상부터 앓아온 통증이
진화를 위한 필연이라면 뭐

일찍 집에서 걸어 나온 일은 잘한 일이다
달아났더니 집이 더 좋아진다

여섯 살부터 가출해 해안선을 따라 걸었더니 이곳

길이 늙어가거나 낡아갈지라도
여름비는 얼굴을 지우지 못한다
너는 밤새 차 안에서 나를 기다리고 있었다
비 오는 날 선물 받았던
그 햇볕같이 예쁜 주황 꽃을 어디다 심었더라?

# 도서관 불빛과 고양이 눈빛과

이른 겨울 혹은 늦은 봄 도서관의 불빛과
내가 말귀를 알아들었던 고양이의 눈빛이
같은 촉수라 해도 놀랍지 않다

누가 먼저 창문 가까이 쓸쓸한 귀를 갖다 댔는지
공기 속에서 가까스로 살아 있는 화향(花香)
공기 속에서 가까스로 살아 있는 유전자
첫사랑의 흔적인지 아버지의 흔적인지
기억나지 않는 감정들이 서랍 칸칸이 담겨 있다

누가 알까, 이 마법을 질문 아닌 대답을
책과 서랍 속 어둠이 잠에서 깨어나
푸른 피를 갖게 되는 새벽
그냥 창문, 그냥 안개, 그냥 미립자

아득한 얼굴 무렵을 더듬거리다 예의를 차려
입 맞추고 싶다, 창가에서 머뭇 얼어붙은 기다림
별은 어쩌면 유리에 묻은 오래된 물기일지도 모른다

4부

# 에코 가방의 철학


지나친 철학보다 멀어지는 너의 어깨를
상큼한 에코 가방의 운명을 믿고 싶다

옆구리에 리듬을 끼고 오렌지 쥬스가 담긴 유리컵과
막 구운 신선한 접시를 들고 맨발로 계단을 올라갔다
스크린이 지나치게 어두운 꿈속

팬데믹 겨울 어항 속에서 만난 너는
일기예보사를 아느냐고 물었다
감정의 기복을 그래프로 그려 일기예보하듯
예측할 수 있다고 말했다
자살의 수치를 줄일 수 있다고 너는 말했다

예측할 수 없었던 습도 때문에
자신을 죽인 적 있다고 말하는 눈과
자신을 먹은 적 있다고 말하는 입

너 나이 때 수없이 나를 지운 적 있다고

말하지 않았다 마스크를 쓰지 않은 나머지 부분이
잘 보이지 않았다 검은 동공을 어디다 숨겼는지

흰자위가 넓고 파르스름했다
겨울 자작의 흰 껍질처럼 만지면 차가울 것 같았다
따뜻한 밥을 함께 먹고 싶었으나

물부터 체할 것이므로 사주지 못했다
안녕 서로, 설혹 안녕
내가 가르친 학생을 닮았거나 나를 닮았을 스크린 속
눈동자의 물기가 오래 잔상처럼 남아 있다
지나친 철학보다 에코 가방의 경쾌한 어깨를 믿고 싶다

# 앤틱 구름은 누가 소장하고 있나


잠 속으로 여름비가 들어왔다
하루 종일 텐트 속을 거닐었다
소낙비가 찾아온 해안을 버리고 모두 돌아간 저녁

비로 씻은 낙조를 따라
한없이 느리게 걷는 구름의
산책을 흉내 내어 구름과 함께 걸었다
한 땀 한 땀 박음질한 어쩌면 구름 모양의 퀼트

흰 구름의 길은 굵고 짧았다
입을 벌리고 팔을 벌리고 걸어갔다
홀딱 반해서 홀딱 반할 만큼 예뻐서
어둠이 조금 묻은 흰색의 스티치는
구름을 앤틱 소품처럼 보이게 했다

오래된 구름은 비싼 대가로 누가 소장하고 있는 것일까
뿌리가 뽑힌 어린 소나무 가지를 들고 와
내게 보여주는 이름 모를 소년에게

다시 땅에 묻어주자고 했다
나무가 자라는 것을 함께 보자고 했다
지킬 수 없는 약속을 했다
구름의 기분으로 구름과 연애하는 기분으로

# 빛 한 상자

사물이 있던 자리의 잔상은
빛을 받고 있어도 가파르게 어둡다
난간 위의 햇볕과 난간 위의 물방울은
연설과 웅변으로 생을 낭비하지 않는다

놓쳐버리기 쉬운 이정표들은
들어가도, 들어가도 거울 속이다
평생 쓸 수 있는 햇볕이 그곳에 모여 있다

베어진 마음, 베어진 언어들의 씨앗이 먼 곳으로 날아가
맨드라미로 채송화로 피어 있다

오래 불행한 사람, 병이 깊은 사람은
자신을 감자 싹 도려내듯 파내버린다

어떤 일이 있어도 나를 파내버리지 않겠다
부적 삼아 지도 삼아
늘 상자에 담은 시를 안고 표류해 왔다

이정표를 놓친 즈므*에서도 시는 주근깨처럼 갖고 있
었다
 빛을 타고나지 않았을 때는 스스로 빛이 되어야 한다

* 강릉의 큰길 안쪽에 숨어 있는 마을.

# 은유의 이마

이미 읽은 책은 책꽂이 맨 아래나
맨 위에 잊을 수 없는 사람처럼
뿌리째 심어 둔다, 영원히 반쯤 닫은 채

때로는 세계적인 미학의 사기꾼이 쓴 일기와 함께 꽂아둔다
아침 두 칸 저녁 두 칸
아버지의 망치질 소리가 들릴 것이다

은유의 이마로 못을 박아 식구들의
아침부터 저녁까지 흔들림을 막은 자
자신이 더 흔들렸으면서도
죄의 일상은 표지가 없어 발각되기 어렵다

먹고사는 일이 매우 죄에 가깝다면
최전선의 인간, 아버지라는 책을
맨 아래 칸에 꽂아두겠다
너무 자주 기억나지 않도록

이웃집 커튼에 손을 집어넣는 일이 없도록 세계지도로
이집트 미라 전에서 얻어온 도록으로 봉쇄한다
오랜 시간이 지난 후 이미 읽은 책의 이마는

물방울무늬 시스루 커튼으로
나무 잎사귀가 염료된 광목 커튼으로
덮일 것이다, 영원히 반쯤 닫은 열망과 함께

# 저는 나무 냄새가 참 좋아요


빛이 통과했다면 눈이 내렸다면
폐렴에 걸리지 않았다면 팬데믹 숲이 아니었다면

나무 달력 대에 뜯어낼 수 없는 인류의 순간이 묶여 있다

지나간 일월과 이월과 삼월을 아끼다가
아까워서 뜯지 못하고
바라보고 있다가 마침내 사월을 펼쳤다

나무로 만든 팔에 안긴다면 나무 냄새가 날걸

사월에 나무 달력 대가 있는 달력을 선물 받았다
한지에 채색한 판화의 나날에서 나무 냄새가 났다
분홍 뉴런(neuron)에서도 나무가 한 그루 자라고 있다
병들었어도 몸속 나무는 소중해서 베어내지 못하고

어쩌면 허구일지도 모를 나무 냄새에 이끌려

따라간 잿빛 숲속에 진달래가 피어 있다
꽃잎이 얇아 빛이 들락거리는 게 다 들여다보인다

저리 여리고 투명한 혈관으로 야생을 살다니
서로 연민하게 될까 봐
연민에 감염될까 봐 꽃잎 위 손을 얼른 뜯어낸다
비를 맞고 긴 행렬 속에서 공적 마스크를 사던
열일곱 소년이 달력에는 없는 달 속으로 들어가 버렸다

나무로 만든 팔에 안기듯 사라진 이야기
어쩌면 허구일지라도 사월의 숲에서는 짙은 나무 냄새가 난다

# 존경하는 나의 애플민트


내 식물도 대성당 크기의 빙하가
무너지는 소리를 들었을 것이다

애플민트와 여름 한 철 동거한 적 있다
귀한 새를 머리에 이고 다니듯 애착했더니
줄기가 부러졌다
잎은 있으나 뿌리는 없는 줄기와
뿌리는 있으나 상흔을 머리에 이고 있는 줄기를
유리병에 함께 꽂아 두고 날마다 물을 갈아 주었다

간절한 발은 기어코 걷는다
맨몸에서 뿌리가 생긴다
부러진 자국을 감출 길 없었던 줄기에서
잎사귀가 조그맣게 돋아나더니 며칠 만에 넓적해져
제 잎사귀로 상처를 가릴 수 있게 되었다

선으로만 이루어진 식물의 몸이
어떻게 분열했고 복원되었는지

정신분석하기 어렵다, 몸이 갈라지면서
이명을 앓았을지도 모른다

알프스 산악 지대의 대규모 빙하가
녹아내릴 수 있다는 소식을 새벽에 듣는다
21세기 뉴스는 이토록 잠언적이다
식물의 트라우마는 이토록 잠언적이다

짧은 여름, 전력을 다해 살아 있는 식물을 존경한다

# 라벨이 붙어 있는 저녁

끝이 잘려 나가기 시작하는 사물마다
도무지 알아볼 수 없는 라벨을 붙여놓아야겠다
한파가 몰려온 저녁을
손바닥에 옮겨 적었다

옮겨 놓은 저녁이 지워질까 봐
방수 처리가 되어 있는 모자의
정교한 안쪽을 찢어서 이마에 붙였다
겨울의 기나긴 귀를 털모자로 감쌀 수 있을까

언젠가 골이 시려 머릿수건을 쓰고 잔
허름한 저녁도 있었다
문짝마다 심사가 비틀어져
방이 곧 길인 집도 있었다

먼 나라에 지진이 일어났을 때도
놀란 올리브 나무가 뿌리째 배를 타고
달아났어도 모든 지구의 저녁은 살아남았다

운명을 바꾸고 싶어
이름을 몇 번 바꾼 나무를 불러 세운다

언어보다 뿌리가 깊은 아이들아
장난으로라도 흙을 털어내지 말아줘
나무의 속이 텅 비어 있구나

나무가 나무를 버리고 다들 어디로 간 것일까
이상한 날들이 계속 흘러가고 있다
날이 밝으면 나무를 꼭 나무라고 표시해 두어야겠다

## 사월은 머리맡에 씨앗을 두고 자는 달*

아침부터 바람이 많이 불어왔을 뿐이다
긴 리본이 매달려 있어
하루가 길고 복잡했을 뿐이다

뼈와 육체가 바뀐 어떤 일이
우리에게 일어났다고 생각하고 싶지는 않다
다른 4월보다 너는 조금 더 들떠 있었고
아무 흠 없는 조개껍데기처럼 유난히 예뻤을 뿐
꽃의 동공이 흔들렸을 뿐

너를 버린 못된 손이 있었다고 생각하고 싶지는 않다

사월은 머리맡에 씨앗을 두고 자는 달
끝내 닫힌 창문을 밀고 나오지 못했던 너의 'ㄹ'은
네가 늘 머리맡에 두고 자던 씨앗 같은 것이었음을 믿는다

접시를 만지면 접시가 물이 되고

계단에 걸터앉으면 계단이 물이 되고
침대에 누우면 침대가 물이 되고
누울 수도 설 수도 없이

네가 마지막으로 전송한 문자 'ㄹ'이 심장에 말편자처럼 박혀

* 체로키 족 인디언들의 달력에서.

# 안녕 유마힐

우연히 서점 맨 구석의 구석에서 발견한 좋은 책처럼
먼지와 함께 밤마다 지구를 반 바퀴만 걷고 싶다
나머지 날들은 어쩌면 좋을까
안 팔려도 좋은 책처럼 쪼끔 더 용기를 내보고 싶다

구약을 넘어 낚시용품 전문점까지 달려오고야 마는
파란 말의 발바닥에는 잔금이 많다
잔금이 많은 발바닥은 가고 싶은 길이 여럿이라
부서지기 쉬운 별, 떠돌이 부랑자의 운세

기억 속에 손을 숨겼다
개미가 새까맣게 뒤덮인 쉰내 나는 밥 덩이를
물에 말아 꾸역꾸역 입으로 가져가던 손
심지가 닳아 없어질 때까지
모든 사랑에는 탄내가 난다

사랑의 가운데 있을 때는
누구를 사랑하는지 기억하지 못한다

해님도 자신이 해바라기의
얼굴을 갖고 있다는 것을 모를 것이다

자신의 손목과 발목에 쇠사슬을 매달고
누군가 심해로 가라앉으며 세상의 안녕을 빌었다
좀 더 용기를 가졌던 유마힐처럼
한 홉 두 홉 작은 그릇으로 사랑을 재던 날들

# 바게트 빵의 탄생


8월 8일 모양의 개미들이
엎어놓은 모자를 지키고 있다 누가
고물거리는 저 검은 글씨들을 집사로 채용했을까

생이 서러웠던 사람의 무덤을 찾아가
사과 한 점을 꼭대기에 올려 두고 왔다
사라지지 않는 서러움의 소실점까지
사과와 완전체로 썩어가라고

둥근 모자는 르네 마그리트 그림의 일부로 보였다
단순하지만 우리 안에는 없는 길과 없는 코

지극히 간결한 풍경을 단숨에 읽기 어려웠다
박속이 파이듯 텅 비어가는 상현 혹은 하현
달의 아래가 어두워지거나 달의 위가 어두워지거나
하는 사이 새롭게 바케트 빵이 탄생했다

여름 장마로 불어난 계곡물에 운동화가 떠내려가다가

화면 밖으로 아예 사라진다, 사람들이 웅성거렸다
거꾸러질 때까지 걸을 거야 거꾸러질 때까지 저 달을

맛볼 거야, 그런 말이 설탕으로 만든 혀처럼 살아 있었다

# 일주일에 8일은 뒤로 걸었다


무엇을 그리워하느냐고 물었더니
명상 중이라고 했다

유리창에 얼룩진 그림자의 얼굴이 보고 싶었으나
계속 천천히 뒤로 걸었다 초봄 해안에서
우주 여행자의 그림자를 만났다

한 음절 한 음절 당신을 지우며 걸었다
술래잡기하듯 내 눈을 시간의 붕대로
흰 면수건으로 가리지는 않았다
이미 말의 체온이 식었다고 생각했으나

다 걸었을 때 당신이 등 뒤에 와 있었다
체온이 식은 다음에도 고열은 후유증이 남는다
고분 속의 어둠을 쓰다듬듯
오래전의 어둠을 쓰다듬어 본다

눈 코 입이 다 제자리에 있는지

뭉개져 있는지
울고 있는지 알 수 없다
국경을 넘어 세기를 넘어

울고 있는 손을 잡아주고 싶었다
일주일에 8일을 사랑하겠습니다
일주일에 8일을 뒤로 걷겠습니다

# 봄마다 냄비에 돌을 삶아 먹었다

꽃을 보면 신을 믿게 된다
아름답고 아슬아슬한 저 미궁을
누가 무슨 수로 발명할 수 있을까

라일락을 만나면 숨을 멈추고 꼭 들여다본다
몸 어딘가 욱신거리는데도 한 발짝 다가가
연보라 커튼 안쪽 과거를 기어코 들춰보게 된다
세 들어 살던 그 집 마당에 두 그루 라일락이 서 있었다

내 것이 아니었던 흰색과 보라색
공기의 향연은 가난한 봄의 절정이자 파국이었다
비가 오면 짙은 향기 때문에 더 허기가 졌다

꽃은 엽서였고 벼랑이었고 자존심이었다
나 대신 끝없이 말을 걸어주었다
이유 없이 사랑할 사람이 필요했던 사춘기부터

여즉, 봄밤이면 날개도 없이 시베리아에서 아프리카까지

따뜻한 돌을 찾아 날아간다
냄비에 차가운 돌을 넣고 삶아 먹는다

## 진통제와 빵과 커피는 이웃

파랑 주전자가 마음에 쏙 들었지만
망설이다가 진통제와 빵과 커피를 샀다
후회가 남는 날의 오후엔
진통제를 가본 적 없는 도시의 지명으로 읽는다

검은 구름이 끼지 않은 날은 볼 수 없는 곳까지 보인다
불안은 나의 힘
불면은 나의 힘
이런 문장들은 연습벌레 발레리나의 필사적인 춤과 닮
았다

여행자의 새벽은
네 시와 네 시 반 사이 신발을 벗으며 시작된다
오래된 마을의 종소리와 함께
무연고 유성의 가장자리를 맨발로 걸으며 헛된 시간을
보낸다

배낭을 따뜻한 팔 대신 베고 누워

평생의 운세와 상관없는 별의 운행을 헤아려 본다
야전에서 만들어진 별의 서사가 마음에 든다

사랑하게 될 사람의 운명을 모르고 사랑하게 되는 것처럼
사막과 빗방울 사이에서 별은 태어난다
뿌리 없는 뿌리가 편두통과도 같은 빛을 아꼈다가 밀어 올린다

# 서점의 F칸

무엇보다도 슈만의 저녁의 노래가
듣고 싶었다
서점의 F칸에서 고전 철학자의
강의록을 집어 든 순간

고조곤히 웅크리고 앉아 있던
사람의 등이 기억났다
많은 말을 갖고 있던 뒷모습과
모래를 헤아리는 손가락을 두고 왔다
맞은편 열린 창문으로
애타게 찾는 목소리가 흘러나왔다

내가 흘린 목소리였다
사람이 사람을 그토록 오래 기다릴 수 있을까
흘러내리지 않고 녹아 없어지지 않고
기다리라는 말의 환각, 무게, 향기, 먼지

사랑에 빠진 사람들은 미아가 된다

알코올 때문이라기보다 수전증 때문에
떨고 있던 손, 사로잡힌 순간,
어떤 풍경은 눈에 넣고 있어도 아프지 않다

정치적 이슈가 깃발과 함께 일상적으로
흔들리고 있는 일요일 오후
도시의 한복판에서 지독히 개인적인 선언을 들었다
기다리겠다는 말의 환각, 무게, 향기, 먼지

"따뜻한 불빛처럼 쬐고 있을게요"
신념보다는 선물처럼 건너온 문장에 평생을 사로잡혀 살게 된다

# 우주적 비행 소년, UFO


무엇이라 불러도 부서지기 쉬운
유리 질감의 둥근 마음
아메바 모양의 우주선이라고 해도

연필 한 자루 담을 수 없는 무용지물의 무용을
시간 밖을 오래오래 떠도는 금속성 고독을
책 속 낱말들의 비행을 막아주는 문진(文鎭)이라 부를까

흰 구름 옷감이라 부를까 검은 회오리라 부를까
뒤집어 놓으면 물웅덩이가 되는 그것
이따금 살아나 연대기를 휘저어 놓는 화석이거나
오래전 집을 잃은 안개거나
패션프루트의 오묘한 눈동자를 바라보는 눈동자거나
여름 정원에 피어난 보라색 속눈썹 꽃은

우주 정거장을 닮아 먼 곳을 바라보고 있다
짧은 혀 대신 긴 팔로 끊임없이 말을 걸어온다

| 해설 |

# 창문의 고백

박수연(문학평론가)

## 1

우선, 권현형의 언어 사용 방식을 살펴보겠다. 시집의 표제시 「아마도 빛은 위로」에 대해서이다. 시는

빛의 총량이 운명의 총량이라고 말할 수 없다
─「아마도 빛은 위로」 부분

라는 문장으로 시작된다. '여름꽃'의 이야기가 시의 소재이다. 보랏빛 여름꽃은 빛을 받으며 자라났을 테다. 시인은 지금 그것이 전부가 아니라고 말하고 있는 중이다. 이미 필연적이고 누군가에게는 생의 전부일 사건을 부분적으로 부정하면서 시가 시작되는 것이다. 더구나 문장은 단정하고 단호하다. 독자들은 이 문장 뒤에서 뜻밖의 세계를

볼 수 있으리라 기대할 것이다. 기대를 초점화하고, 그 이후 시의 풍경들이 펼쳐진다는 점에서 첫 문장은 시의 창문이다. 어떤 풍경들인가 하면, '멀어져 가는 너의 뒷모습' '쓰나미의 피아노' '눈을 뜨는 새벽' '천천히 시드는 보라색'이 그것들이다. 이 풍경들이 '운명의 총량'과 관련될 것이다. 그래서 "~라고 말할 수 없다"라는 말은 운명의 애매함에 대한 호기심과 격정을 동시에 불러오는 힘을 가지고 있다. 권현형의 시는 이 힘이 일으키는 정서들의 율동 자체이다. '말할 수 없는 운명'이라는 특별하지만 아직은 애매한 제안의 호기심을 역시 애매하지만 비밀스러운 정서로 직접 이어놓음으로써 독자들은 언어의 논리를 감성으로 감싸버리는 독특한 경험을 하게 된다. '빛과 운명'에 대한 언어는 인식을 위해 움직이는데 문득 인식 저 너머의 무엇인가가 있어서 독자들을 끌어당기고 있기 때문이다. 그런데 독자들을 저 애매한 비밀의 숲으로 당겨놓고 시의 말은 그만의 영역으로 들어간다.

여름꽃의 생태를 가리키기 위해서라면 '빛이 운명의 모든 것'이라고 쓰는 경우가 일반적이다. 이 일반성을 위해 사용되는 말은 그러나 독특한 것은 아니다. 이것은 이미 정해져 있는 운명에 대한 또 다른 강조, 요컨대 대표하는 언어일 뿐이다. '빛이 여름꽃의 운명을 좌우한다'는 말은 한 아름다운 식물의 삶의 방식을 대표하는 범례적 표현이다.

그러나 그렇게만 말하는 것은 선택된 언어와 그에 연결된 수많은 연관성을 삭제시키기는 것이기도 하다. 시인은 그의 섬세한 시선 때문에 당연히 그렇게만 말할 수 없다. 그렇지만, 그렇게 선택되어 대표적 의미로 보편화해야 할 것 같은 '빛과 꽃의 운명'에 대한 말들을 가져다 놓고 그것을 "말할 수 없다"고 이어 씀으로써 시인은 지금 자신의 인식을 가두어 두는 결과를 야기한다. 실제로는 빛과 꽃의 운명이 거의 절대적으로 상관적임을 누구도 부인할 수 없기 때문에, 시인의 이 말은 빛과 운명의 상관 영역 이면을 표현하는 것이다. 빛은 꽃을 키우는 핵심이지만 운명은 다른 힘으로 결정된다는 사실을 시인은 말하고 싶은 것인데, 이것은 하고 싶은 말의 의미를 그 문장 안에서 선택한 단어들의 내부가 아니라 가려져 보이지 않는 저 외부에서 가져오고 있음을 가리킨다. 빛과 운명에 대해, 그 둘의 내부에서가 아니라 그 둘의 관계 밖에서 일어나는 사건이 결국은 드러날 의미들의 기반이다. 시인이 처한 삶의 문화적 계열이 그것을 규정할 것이다.

> 보라가 고혹적인 것은
> 기다릴 줄 알기 때문일 거다
> 꽃집 주인은 보라색 꽃이 강하다고 했다
> 천천히 시든다고 했다
>
> ―「아마도 빛은 위로」 부분

앞에서 인용된 구절에 이어지는 부분이다. 시인은 지금 다른 사건을 끌어오고 있는 중이다. 범례적 언어일 경우, '보라색 꽃이 강하다'라는 말은 '보라'와 '강함'이라는 단어가 하나의 예로서 꽃의 속성을 대표하여 그것이 전부인 것처럼 과장하도록 선택된다. 여기에도 과장과 배제가 작용할 것이다. 시인은 내내 그 과장의 언어 선택을 비껴가는 방식을 택하는데, '강하다'는 말을 튕겨버리는 '시든다'는 말이 불현듯 등장하는 것은 그 때문이다. 독자들은 문득 의미의 동일성을 벗어나버리는 '강함'과 '시듦'의 의미 차이에 마음을 빼앗길 수밖에 없다. 권현형의 시가 비밀의 숲이 되는 것도 같은 이유이다.

말들의 논리적 관계 내부보다 외부에서 의미가 만들어지는 것을 역설이라고 하기 때문에, 결국 이 역설이 만들어지는 말들의 결합 과정을 보여주는 일, 이것이 시라고도 할 수 있다. 이때 시의 말은 세계의 비밀로 가득 차서 더 큰 호기심으로 이어지도록 하는 통로이다. 시의 말을 비밀의 통로로 사용할 때 시는 세계의 '창문'이 된다. 이 창문을 통해 「아마도 빛은 위로」는 "더 진하고 더 어둡고 더 달콤한 여름꽃"의 이야기를 펼쳐 놓는다. 독자들은 천천히 창문으로 그것들의 비밀을 바라보아야 한다. 권현형의 시를 빨리 읽어 스쳐가는 사람들은 진하고 어둡고 달콤한 비밀의 언어를 경험하지 못할 것이다.

**2**

우리는 이제 권현형의 창문 사용 방식에 대해 살펴본다. 세 개의 명사가 있다. '창문' '사용' '방식'이라는 명사는 권현형의 시를 '사물-창문'과 '관계-사용' 그리고 '형식-방식'으로 나눈다. 꼭 이 단어가 아니어도 될 것이다. 권현형의 언어를 범주화할 수 있는 단어는 무엇이든 저 세 명사의 자리, 즉 '사물'의 자리, '관계'의 자리, '형식'의 자리에 올 수 있다. 문장 속 단어들의 자리를 말한다고 해서 그것이 시적 언어의 논리학에 대한 설명이라고 이해할 필요는 없다. 오히려 그 반대일 것이다. 논리의 도움이 아예 없지는 않겠지만, 또, 나는 논리학자가 아니기 때문에 주사와 빈사, 계사에 대해 자세한 논의를 할 수는 없지만, 왜 그 자리에 그 단어가 오는 것인지에 대해서 여러 생각들을 해볼 수는 있다. 이와 관련해서는 권현형의 시를 비밀에 가슴 아린 사람의 글이라고 해도 좋다. 시가 논리를 넘어설 수 있는 유력한 힘이 그것이기 때문이다. 시의 창문 앞에 서는 사람은 시의 언어를 주사, 빈사, 계사로 읽으려는 사람이 아니라 그것들을 함께 묶어 비밀을 경험하려는 사람이다.

우선, 창문이 있다. 창문은 모든 비밀의 통로이다. 비밀은 안에도 있고 밖에도 있는데, 안과 밖은 서로에게 외부이다. 권현형이 외부를 끌어들여 시를 의미화한다는 점을 다시 생각한다면, 모든 창문은 의미화의 통로이다. 모든 창문은 바라봄이라는 사건이 발생하는 경계이고, 창문 너머는 언제나 주체의 시선이 경계선을 넘어 도달해야 할 대상이 있는 곳이다.

> 멀어져 가던 너의 뒷모습을 잊을 수 없다
> 쓰나미에서 살아남은 피아노가 그렇듯
> 모든 것을 껴안고 있는 눈동자
>
> ―「아마도 빛은 위로」 부분

그곳에 도달해야 하는 이유는 그곳에 있을 무엇인가를 잊을 수 없기 때문이다. 잊을 수 없는 것이 있다는 사실 혹은 잊을 수 없다는 점이야말로 운명이고 위로이다. '뒷모습' '쓰나미 피아노' '눈동자'를 한데 놓고 운명의 위로를 아득히 생각하게 되는 이 돌연한 느낌은 어디에서 오고 있을까? 아마 막연한 상상이 아니라 그 말을 접하는 사람이 가진 모든 기억의 바탕에서 그것은 이루어질 테다. 그 바탕의 표면이 타자들과 만나 사건을 일으키고 언어화된다. 시의 말이 독특한 것은 그것이 언어의 범례적 대표성을 고려해서 이루어지되 항상 정해진 운명의 통로 이외의 길로 대표성을 확장하기 때문이다. 독자들이 이 확장의 과정에 떠올릴 '잊을 수 없는 뒷모습'과 '쓰나미 피아노'의 의미를 제각각 만들어낼 것이듯이, 모든 사건들의 의미는 독자들의 창문 안에서 야기된다고 할 수 있는 이유이다. 가령, 시는 '너의 뒷모습'을 사랑하는 개인의 형상으로 제시한 후 '쓰나미 피아노'를 통해 사카모토 류이치와 후쿠시마와 동일본 대지진을 가져온 다음 슬프게도 세월호를 환기할 수도 있다. 이것은 도저히 제어할 수 없는 생각과 감정의 흐름이다.

시의 말이 일으키는 모든 확장은 뜻하지 않게 마음에 통제할 수 없는 물결을 일으켜서 그 표현을 의미심장한 놀라움의 세계로 이어놓기도 한다. 시의 말이 행하는 선택은 대부분 전체의 부분을 잘라내 사용하는 비유이다. 이때, 위의 예를 다시 든다면, 시의 언어는 오로지 '쓰나미'와 '피아노'라는 말의 기억으로 전체를 환기하도록 의미화된다. 시는 한 사람의 뒷모습과 함께 '쓰나미'와 '피아노'라는 단어의 분위기에 둘러쳐져 마치 다른 것은 아무것도 없는 듯한 환각을 사람들에게 만들어준다. 예의 명사뿐만이 아니다. "모든 것을 껴안고 있는 눈동자"라는 문장은 대상에 넋 잃은 사람의 마음과 행동을 표현하는데, 어떤 안타까움에 둘러싸인 마음 상태 모두가 이 말에 투명하게 포착되어 버리는 것이다. 부분으로 범례적 대표성을 드러내는 이 상태가 공동체의 공감을 만들어내는 이유인데, 잘된 시는 이 과정을 논리적 설명 이전의 순간으로 전달한다. 권현형의 시집은 이 시적 전달의 창문이다. 시집에 나온 용례는 다음과 같다.

커다란 유리창 너머 거리의 한가운데
나와 닮은 녹색 그림자가 홀로 서 있다(「애정하는 모든 것」)

나이를 알 수 없는 창문의 눈으로 내다보는 바깥
풍경에는 고요한 뼈의 노래가 담겨 있다(「창문의 나이」)

유리창 너머 안부를 전하고 싶은 곳이 있다
끌리는 사람과 공간이 있다(「볼로냐의 오후 아니 강릉의 오후」)

이제 창문을 반쯤 열어두고
얼굴의 반만 열어두고
골목과 나무와 땅의 절기를 살펴야 할 때(「소문자 당신께」)

잠시 마른 꽃을 들고 잠시 모자를 들고
수백 년 된 창문들이 말을 거는 곳(「겨울 정원의 노래」)

춘설이 내려 떠나온 새벽이 말할 수 없이 아름다웠다
창문을 열어두고 잠들고 싶었으나
 얼어 죽을지도 몰라 문을 닫고 다시 잠을 청한 날(「간절함은 훔칠 수 없다」)

창밖을 끝없이 내다보다가
모르는 목소리에게 야단을 맞았다(「창문 애호가의 방」)

먼지가 잔뜩 낀 처소의 창턱으로 되돌아와서도
산책길에 본 저녁의 아득한 얼굴이 잊히지 않는다(「어제보다 비밀이 많아진다」)

수많은 초록 바늘들, 가파름을 넘는 힘은 어디서 오나
눈이 내리면 밖을 내다보는 것을 좋아하던 밤으로부터
(「창밖을 내다보는 습관」)

누가 먼저 창문 가까이 쓸쓸한 귀를 갖다 댔는지
공기 속에서 가까스로 살아 있는 화향(花香)
...
푸른 피를 갖게 되는 새벽
그냥 창문, 그냥 안개, 그냥 미립자

아득한 얼굴 무렵을 더듬거리다 예의를 차려
입 맞추고 싶다, 창가에서 머뭇 얼어붙은 기다림
별은 어쩌면 유리에 묻은 오래된 물기일지도 모른다(「도서관 불빛과 고양이 눈빛과」)

대성당의 스테인드글라스 창문에

부서지는 햇볕의 파편이 되었다가(「하염없는 산책」)

시내버스의 쇠 손잡이에서 물비린내가 났다
창 너머 바다에서는 쇳내가 올라왔다(「봄이 올 때까지 봄이 싫었다」)

부드럽게 물어보던 목소리의 음영이 그 여름 오후를
뒤덮고 창문 옆에 앉아 있던 나를 뒤덮고(「화분 옆에 살아 있었다」)

사월은 머리맡에 씨앗을 두고 자는 달
끝내 닫힌 창문을 밀고 나오지 못했던 너의 'ㄹ'은(「사월은 머리맡에 씨앗을 두고 자는 달」)

유리창에 얼룩진 그림자의 얼굴이 보고 싶었으나
계속 천천히 뒤로 걸었다 초봄 해안에서
우주 여행자의 그림자를 만났다(「일주일에 8일은 뒤로 걸었다」)

맞은편 열린 창문으로
애타게 찾는 목소리가 흘러나왔다(「서점의 F칸」)

내다보고, 들여다보고, 살피고, 대화하고, 상념에 빠지고, 귀 기울이고, 기다리고, 빛의 파편이고, 기억의 냄새가 올라오고, 목소리를 다시 듣고, 가로막고, 그림자가 얼룩진 장소가 창문이다. 시인은 독자들을 창문으로 안내해 세계의 비밀이 어떻게 낭만적 상상의 언어 아래 숨겨지거나 움직일 수 있는지 보여주려 작정한 듯하다. 독자들은 창문에 매달려 시인이 가진 감정의 배치와 운동을 바라봐야 한다. 창문은 세계 비밀의 통로이지만, 시인은 그 비밀에 바쳐질 "영원을 봉헌하는 순간"(「어제보다 비밀이 많아진다」)의 사제이다. 이런 의미에서 권현형의 시는 그의 사물과 사건을 설명하는 시가 아니라 그것들을 '창문' 너머 비밀의 궤로 뭉쳐 펼쳐놓는 시이다. 권현형에게 역설은 설명하지 않고 비밀로 묶어둠으로써 세계를 그리는 언어 방식이다. 그의 시집에서 자주 사용되는 이미지인 '창문'에 그 비밀이 있다. 비밀은 창문 안에도 있고 밖에도 있는데, 시선의 두 방향에 걸려 있는 '창문'은 그러므로 모든 비밀의 장소로 가는 문턱이 된다. 그의 창문은 "모든 것을 껴안고 있는 눈동자"(「아마도 빛은 위로」)이다. 이곳이 시의 주체가 서 있는 장소이다.

**3**

아름다움이 항상 감각을 바꾸고 옮겨놓는 일이라는 것을 권현형의 시를 보면 알게 된다. 이것이 아름다운 것은 바꿈과 옮김을 통해 뜻하지 않았던 세계와 만날 수 있기 때문이다. 뜻하지 않은 것들의 아득한 감각을 환기하고 감촉시키면서 권현형의 시들은 이 옮김의 행위를 아득함이라는 정서로 바꿔놓는다. 때로는 매우 깊은 감정이어서 빠져나오기 쉽지 않은 이 정서의 율동 때문에 '아프고' '기다려야 하고' '사랑하고 싶은' 마음이 생겨날 것이다. 이 사랑이야말로 세계 모든 동일성과 이질성을 한데 묶는 마음의 자리이다. 이질성을 한데 묶는 마음에 대해서는 시집의 첫 시 「연결된 기분」이 적절히 표현하는데, 그것들이 묶여 시로 씌어질 때 동일성이 나타나는 것은, 시의 언어들이 대상들의 의미를 일부 배제하면서 하나를 선택하여 대표하는 범례이기 때문이다. 대표하는 범례를 선택된 의미로서의 은유라고도 할 수 있다. 은유는 기표의 표면으로 솟아오른 의미로 형성된다.

그런데 은유를 이루는 언어 하나하나가 가리키는 것, 요컨대 일상적 지시대상을 모두 잘 알고 있는 사람에게 그 언어들은 내부로부터 작동하는 것이지만, 은유를 이룬 언어들, 은유의 외연은 우리의 내부에 있지 않다. 은유는 언제나 지금 말하는 대상의 외부에 있을 뿐이다. 권현형 시의 방식에 대해 우리는 앞에서 그렇게 썼다. 은유의 언어들은 언제나 가까스로 여러 의미들을 배제하고 나서야 하나의 의미를 선택하여 기표의 표면으로 올려놓는 사건이다. 여러 개의 사건들에 대해, 다만 그것이 연결되어 있다고 시인이 쓰고 있을 뿐이다. 시집의 첫 시 「연결된 기분」은 그런 의미에서 권현형의 언어 사용 방식에 대한 사전 고백이기도 하다. 언어들은 스스로의 외부로부터 촉발되어 서로 연결된다. 1연의 '깨지는 것과 깨우침', 2연의 '속내 숨기는 법과 홀로 추는 춤', 3연의 '벌판의 해와 코끼리 귀', 2연과 3연을 결합한 4연의 '춤추는 코끼리', 5연의 '처연한 삶', 6연의 '자기 자신'이 그것이다. 그의 시의 이미지들이 많은 경우 논리적 문장 전개와 같은 의미, 요컨대 '기의의 계열체'를 이루기보다 그것의 외부에 있는 '삶 경험의 계열체'를 이루기 때문에 독자들이 고려해야 하는 것은 차라리 시의 화자가 어디에 있고, 왜 시의 이미지 사건을 경험하는지 그리고 그 경험 속에서 무엇을 기다리는지 확인하는 일이다. 그래서 다음과 같은 시 읽기 요인이 만들어질 수 있다.

첫째, 시의 화자가 대상을 바라보는 장소는 어디인가. 그것이 창문의 상상력이라고 우리는 앞에서 써 두었다. 둘째, 시에서 일어나는 사건의 이유는 무엇인가. 이것은 시인의 심리적 사건이라는 말로 바꿀 수도 있다. 시인은 지금 주체의 형식을 묻고 있는 중이다.

셋째, 주체가 그런 형식으로 바라는 삶의 내용은 무엇인가.

　　더 진하고 더 어둡고 더 달콤한 여름꽃의

전조로부터 이야기가 시작되거나 끝난다
　　　　　　　　　　　―「아마도 빛은 위로」 부분

「아마도 빛은 위로」 마지막 연이다. 이야기는 시작되기도 하고 끝나기도 하는 것이다. 이 말은 시작이 끝이고 끝이 시작이라는 뜻이다. 그렇다면 「아마도 빛은 위로」는 마지막 연에서 다시 시작하는 시라고 해야 한다. "끝난다"라고 썼지만 그 끝이 시작이기 때문이다. 끝났으되 끝나지 않는 것을 욕망의 표현이라고 한다면, 그 욕망을 사랑이라는 말로 바꿔도 될 것이다. 사람들이 사랑을 놓지 못하는 이유는 언제나 다시 시작해서 채워야 할 의미의 장소가 텅 빈 채 있기 때문이다. 창문에 매달리는 사람은 바로 그곳에서 세계를 시작할 수밖에 없다. 그것이 사랑이 아니라면 도대체 무엇이 사랑이란 말인가.

시에는 과거에 이미 미래를 출발시킨 시작도 있고 미래에 벌써 마무리된 끝도 있다. 시간 너머에 있는 시의 끝을 시작으로 바꾸는 예가 여기에 있다.

　　가파름을 넘는 힘은 어디서 오나
　　밖을 내다보는 것을 좋아하던 취향으로부터
　　이브레아까지는 너무 멀다*

　　금관에서 흘러오는 목소리를 들으면

아득해진다 야간 기차를 타고 있는
밤의 공기가 달착지근해진다

창문 가까이 트럼펫 가까이 하숙하며 지내던 그때
햇볕이 사라진 골목에 자주 사로잡혔다
반대편의 취향과 언어로 끝없이 구애했다
열 손가락 모두를 편지 쓰는 일에만 바친 적 있다

한 자루에 다 담을 수 없는 솔방울 향기를
탐닉한 사냥꾼은 시간에 빠진 사랑이었을 것이다
발바닥 가운데까지 심장이 박혀 있던 나이

터키 원석 세공사나 색감 좋은 원단의 이름을 부르듯
알아들을 수 없는 방언으로 기도하던 저녁과 함께
너와 함께 전력으로 걸어왔다
밤새 눈을 맞고 서 있던 창백한 소나무 유령아
네 손바닥에서 녹내가 난다

너는 언젠가 날아다닌 적이 있을 거야
증표처럼 남아 있는 수많은 잔 날개들
수많은 초록 바늘들, 가파름을 넘는 힘은 어디서 오나
눈이 내리면 밖을 내다보는 것을 좋아하던 밤으로부터

\* W. G. 제발트,

-「창밖을 내다보는 습관」 전문

  이 시에서 많은 것들이 다시 출몰한다고 독자들은 이제 생각할 수 있을 것이다. 다시 출몰하는 세계가 곧 다시 시작과 끝이 계속 자리바꿈하는 세계이다. 「아마도 빛은 위로」의 여러 이미지들이 반복되기 때문이다. 달착지근한 밤의 공기, 햇빛, 피아노와 열 손가락, 무엇인가 사라지는 골목길이 반복될 때, 이 창밖 저편이 이브레아이고 사랑의 골목길이며 계절이 지나가는 시간이다. 그곳에 어떤 사건이 있었나. 제발트의 「벨, 또는 사랑에 대한 기묘한 사실」을 읽지 않더라도 이 시가 사랑에 바쳐지는 마음의 율동을 보여주고 있다는 점은 누구나 알 수 있다. 앞에서 우리는 권현형이 시의 말과 의미를 다루는 방식을 이야기하면서 그 방식이 몰려 있는 자리를 압축하는 자리로 '창문'을 지목했다. "눈이 내리면 밖을 내다보는 것을 좋아하던 밤"에 시작되었을 이 언어들이 원래는 저 멀리 있는 한 세계로부터 촉발되었다는 것, 세계의 어떤 비밀에 다가가기를 기다리면서 시작되었다는 것을 생각해도 좋겠다. 시의 제목이 '이브레아까지는 너무 멀다'에서 '창밖을 내다보는 습관'으로 옮겨 앉은 연유를 찾아봐도 좋겠지만, 여기에서는 '이브레아'가 '창밖'으로 바뀔 수 있음을 아는 것으로 충분하다. 그리고 그곳이 사랑의 자리이다. 시인 자신의 사랑도 있고, 쓰나미 피아노도 있고, 세월호도 있는 곳, 그곳이 시인의 창문이다. 세계가 있기 때문에 가장 내밀하고 가장 사회적인 장소가 그곳이다.

당연히 권현형만 '창문'을 노래하는 것은 아니다. 찾아보니 정지용이 이미 그 유리창을 이야기했는데, 이가림이 '유리창에 이마를 대고' 지금은 '먼 부재의 저편'이 되어버린 누군가의 이름을 부르고 있고, 정현종이 '부재에 가까운 신'과 같은 창을 노래하고 있다. 예는 수없이 많을 것이다. 이런 때는 차라리 창문의 '예'가 아니라 그것들의 '예외'에 대해 말하는 편이 쉽다. 가령, 한국 시인이 아니라 엘뤼아르가 노래한 창이 있다. 그는 "밤은 결코 완전한 것이 아니다/…/슬픔의 끝에는 언제나/열려 있는 창이 있고/불 켜진 창이 있고/언제나 꿈은 깨어나며/…/내미는 손 열려 있는 손이 있고/주의 깊은 눈이 있고/함께 나누어야 할 삶 그 삶이 있다".[1] 엘뤼아르에게도 창문은 밤에 세계를 만나는 장소이고, 꿈을 깨는 장소이며, 손을 내미는 장소이다. 「창밖을 내다보는 습관」은 밤의 공기, 열 손가락의 이미지로, 사랑에 빠진 관대하거나 예민한 마음을 묘사한다. 본디 「이브레아까지는 너무 멀다」였던 제목이 「창밖을 내다보는 습관」으로 바뀌었다는 사실을 알고 있는 독자라면, 제

---

1) P. 엘뤼아르, 오생근 역, 「그리고 미소를」, 『이곳에 살기 위하여』, 민음사, 1983 참조. 마지막 행을 오생근은 두 행으로 나누었는데, 원문에 따라 하나의 행으로 수정했다.

발트의 저 이브레아가 참혹한 전쟁의 한 순간 경악으로 이어지는 시간들 속의 마비된 정신이 가진 아름다운 사랑이 있었던 장소임을 생각하지 않을 수 없다. 그는 하나의 아름다움이 참혹한 삶 때문에 더 아름답다는 사실 또한 믿을 수 있는 사람이다. 권현형은 삶이 있는 곳에서 아름다움을 본다. '이브레아'가 '창'으로 바뀌었다는 사실은 그 삶이 베푸는 비밀의 성채를 창문을 통과해서만 만날 수 있다는 것을 가리킨다. 세상 속에서 경악했던 사람들은 아득한 감정의 아름다움을 만나 세상을 사랑하기까지 시인의 창문을 만나야 한다. 그때 세상의 빛이 어둠속에서 빛나는 그 사람을 비쳐줄 것이다. 세 번째 권현형의 시에서 말할 수 있는 것이 이렇게 나타난다. 그는 저 낭만적 사랑의 힘을 믿고 있는 시인이다. 아득한 정서의 율동으로 창문을 넘나드는 시인은 사랑의 대상을 바라보면서 대상에 의해 응시되는 사람일 것이다. 그렇게 창문은 바라보는 동시에 보여지는 장소이다. 서로가 서로를 보는 장소가 아니라면 도대체 사랑이 이루어질 수 없는 법이다.

**시인수첩 시인선 081**

**아마도 빛은 위로**

ⓒ 권현형, 2023

초판 1쇄 인쇄 2023년 12월 5일
초판 1쇄 발행 2023년 12월 12일

**지은이** | 권현형
**발행인** | 이인철

**펴낸곳** | (주)여우난골
**주 소** | 서울특별시 강남구 언주로30길 27. 606호 (도곡동 우성리빙텔)
**전 화** | 02-572-9898
**팩 스** | 0504-981-9898
**등 록** | 2020년 11월 19일 제2020-000328호

**블로그** | blog.naver.com/seenote
**이메일** | seenote@naver.com

ISBN 979-11-92651-21-7  03810

* 파본은 구매처에서 바꾸어 드립니다.

* 이 시집은 한국문화예술위원회 2023년도 아르코 문학창작기금 지원사업에 선정되어 발간되었습니다.